ARMORIAL

DU

VENDOMOIS

Paris—Imprimerie Jules Bonaventure, 55, quai des Grands-Augustins.

ARMORIAL

DU

VENDOMOIS

PAR

M. A. DE MAUDE

Auteur de l'*Essai sur l'Armorial de l'ancien diocèse du Mans.*

PARIS

LIBRAIRIE BACHELIN-DEFLORENNE

3, QUAI MALAQUAIS, 3,

Au premier, près de l'Institut.

MDCCCLXVII

Il n'existe pas d'Armorial dressé pour le pays Vendômois. Nous avons entrepris sur ce sujet un travail auquel nous donnons pour titre *Essai sur l'Armorial du
Vendômois*, et que nous compléterons un jour, si Mes-
sieurs les Membres de la Société Archéologique de Vendôme veulent bien nous y aider [1] : « Nous avons pensé
« qu'à une époque où chacun peut se fabriquer des ar-
« moiries, sans encourir d'autres reproches qu'un sot
« orgueil, d'autre peine que celle du ridicule, il y avait
« quelque intérêt pour nos anciennes familles à posséder
« un recueil-armorial, qui serait pour elles d'abord un
« miroir d'honneur et ensuite une garantie contre une
« usurpation possible de la part des parvenus d'hier et
« des enrichis de demain. »

Notre travail comprend le plus possible d'armoiries
appartenant à des familles originaires du Vendômois, ou
qui y ont possédé des seigneuries, des terres, des charges, des offices ou des emplois, ou bien qui ont fixé ré-
cemment leur domicile dans le pays.

Nous avons relevé un certain nombre de blasons
dans l'*Armorial manuscrit des Généralités*. Ce recueil
est le *seul officiel*. Toutefois, nous faisons remarquer
que plusieurs des personnes qui y sont indiquées n'é-
taient pas nobles d'origine, mais qu'elles furent simple-
ment autorisées à prendre des armoiries, soit à cause de
leurs charges, soit à d'autres titres.

Quant aux armoiries des villes, des familles éteintes
ou des anciennes communautés, il nous a paru tout à la

---

[1] Préface de l'Armorial de l'ancien diocèse du Mans; par l'auteur.

fois intéressant et digne de la science archéologique de pouvoir lire les signes héraldiques gravés sur les tombes ou sur les monuments élevés par la piété de nos pères.

Enfin, nous avons pris soin d'indiquer, après chaque article, les sources où nous avons puisé, afin de donner plus d'authenticité à nos recherches toutes désintéressées, et nous pouvons dire, en terminant, avec le poëte auquel nous avons emprunté notre épigraphe : *Veritas opus movet hoc.*

Paris, 1er septembre 1865.

EXPLICATION DES ABRÉVIATIONS.

Ar. ms. — Armorial manuscrit des Généralités, dressé en 1698, par ordre du roi.

Ar. d. M. — Armorial du diocèse du Mans, par A. de Maude, 1863.

Dub. — Duhuisson, Armorial des principales familles du royaume.

La Ch. — La Chenaye-des-Bois, Dictionnaire généalogique.

S. Sgrie. — Sieur, seigneur et seigneurie.

Pr. de M. — Preuves de Malthe. Manuscrit précieux de la Bibliothèque de l'Arsenal.

M. t. — Maintenue dans sa noblesse en l'année.

M. d. R. — Généalogie des Maîtres des Requêtes.

Nob. d. N. — Nobiliaire de Normandie.

Ms. — Différents manuscrits de la Bibliothèque impériale.

A. de Rochambeau, Ch. Bouchet, A. de Trémault. V. les Bulletins de la Société Archéologique du Vendômois, de 1863 et 1864.

Ec. — Ecuyer.

Lambron. — Armoiries de Touraine.

Cauvin. — Armorial du Maine, 1840.

ESSAI

SUR

L'ARMORIAL DU VENDOMOIS

Par M. A. de Maude,

Auteur de l'Armorial du diocèse du Mans.

« Pius patriæ facta referre labor. »
Ovide.

ALENÇON d', V. BOURBON.

ALLERAY d', V. ANGRAN. Cette sgrie fut pendant plusieurs siècles la résidence de la famille de Vandômois.

ALLUYE, marquis d', V. ESCOUBLEAU.

AMBLOY les Sgrs d', de la maison de Verthamon.

AMBOISE d', Ingerger, époux de Marie de Flandre, dame de Mondoubleau, XIVe siècle : pallé d'or et de gueules de 6 pièces.

AMILLY d', S. d'Alleray, XVIIe siècle. Sgrie qui appartint aux de Trémault.

AMIOT des, Louis, éc., S. des Homesses des Prépatours : tiercé en bande, d'or, d'azur, et de vair. (*Ar. ms.*) Ces armes ont été données d'office par d'Hozier, et doivent être fausses.

ANGRAN d'ALLERAY, Denis-François, conseiller au Parlement de Paris, S. d'Alleray et de Saint-Agil, fin du XVIIe siècle : d'azur, à 3 chevrons d'or, accompagnés de 3 étoiles du même.

ARGY d', noblesse originaire du Berri. N... d'Argy était capitaine des chasses du duc de Vendômois, en 1635. Une branche de cette famille, titrée comte, habite le Mans : d'or à 5 trangles (burèles impaires) d'azur.

ARRONDEAU, md bourgeois de Vendôme, XVIe siècle. Famille originaire du Mans, où l'on trouve des Arrondeau, S. de Vaux, alliés avec les le Paige. Arondeau, à Paris : d'azur au chevron d'or, surmonté à dextre d'une étoile d'or, et, à senestre, d'un croissant de même, avec un oiseau d'argent, en pointe.

ASON d', Louis-Paul, éc., S. de Haicchamp, 1698 : d'azur à une face d'or accompagnée de 3 étoiles d'argent, 1, 2. (*Ar. ms.*)

ARSEGNY, le comte d', propriétaire de Glatigny, en Souday, XIXᵉ siècle.

Commanderie d'ARTINS (ordre de Saint-Jean de Jérusalem), située dans le Bas-Vendômois, sur le Loir, était composée de 7 membres, y compris le chef-lieu :

1º Artins, paroisse du même nom ;

2º Saint-Jean des Aizes, autrefois le Temple des Aizes, paroisse de Villavard ;

3º Saint-Jean du Boulay, paroisse du Boulay, près de Château-Regnault ;

4º Saint-Jean de Chateau du Loir, autrefois le Temple-lès-Château-du-Loir, paroisse de Saint-Martin de la même ville, antérieurement paroisse de Vouvray ;

5º Saint-Jean de Congners, paroisse de Congners ;

6º Saint-Jean de Rortre, paroisse de Beaumont-la-Chartre ;

7º Saint-Jean-des-Ruisseaux, paroisse de Marçon.

En 1744, le revenu de la Commanderie s'élevait à 3,110 francs. Le chef-lieu était affermé 1,040 f. ; Château-du-Loir, 450 f. ; Torte et les Ruisseaux, 870 f. ; Congners, 200 f. ; le Temple, 350 f. ; le Boulais, 200 f.

La déclaration de 1640 porte tout le revenu d'alors à la somme de 2,000 fr., sur laquelle il fallait payer 300 f. pour la desserte des 6 chapelles faisant partie des membres de la Commanderie, 150 f. pour décimes, 600 f. pour responsions.

Commandeurs d'Artins dont on a recueilli les noms.

NOTA. — Les doubles dates qui suivent une grande partie des noms marquent l'époque de la réception des chevaliers dans l'ordre de Malte et celle de leur mort.

DREUX, Theobaldus de Drocis, præceptor de Artinis, 1316 : échiqueté d'or et d'azur.

GIROUST, Hamelin, 1352-1383.

BONIN, Guillaume, 1388, du Poitou : de sable à la croix d'argent.

LECONTE, Nicolas, 1416.

LECONTE, Jean, 1443-1454, sans doute de la maison Leconte

de Nonant en Normandie, qui porte : d'azur au chevron d'argent, accompagné en pointe de 3 besans d'or, 2, 1. (*Pr. d. M.*)

CHATEAU-CHALON Jacques de, 1467, de Touraine : d'argent à une bande d'azur, chargée de 3 tours crenelées et donjonnées de 3 donjons d'or ; avec un lambel de gueules sur le tut.o

APPELVOISIN, Guillaume d', 1471 : de gueules à la herse d'or. (*Pr. d. M.*)

BOUCHERIE, Mathurin de la, 1500, 24 ou 25 : d'azur au cerf passant d'or.

LYNAME, Bauld de, 1529.

AUDEBERT, Jean, 1547, sieur de Laubage, du diocèse de Poitiers : d'or au sautoir d'azur.

NUCHEZE Louis de, du diocèse de Poitiers : de gueules à 9 molettes d'éperon d'argent, 3, 3, 3.

PERCIL Claude de, 1578-1609, du diocèse de Tours : d'hermines à 3 tourteaux d'azur.

CAMBOUT de Valleron, Jean, 1610, du diocèse de Saint-Brieuc : de gueules à 3 faces échiquetées d'argent et d'azur.

BONNIN de la Reigneuse, Jacques, 1632, du Poitou : de sable à la croix d'argent.

PERIERZ DU BOUCHET, Ambroise, 1636, d'Anjou : d'azur semé de larmes d'or, au lion de même, armé, lampassé et couronné de gueules.

BREUIL DE CHASSERION, du, Jacques, 1646, du diocèse de Maillezays : d'argent à la croix ancrée de gueules.

LAVAL, François de, 1659, *alias* Robert de Laval-la-Faigne : d'or, à la croix de gueules chargée de 5 coquilles d'argent, accompagnée de 16 alerions d'azur.

BRUNETIÈRE DU PLESSIS DE GESTÉ, Guy de, 1672, d'Anjou : de sable à 3 lions d'argent, armés, lampassés, couronnés d'or.

BARRE HAUTEPIERRE, de la, 1680, d'Anjou : d'or à trois fusées d'azur, mises en face, écartelé d'or fascé d'azur.

BREUIL-HELION-DE COMBES du, Benjamin, 1688, du Poitou : d'argent au lion de sable, couronné, armé et lampassé d'or.

NEUCHÈZE, Jean de, 1697-1728.

PERSY, Pierre-Jean-Baptiste de, 1732 : d'argent à 3 besans de sable, 2, 1, accompagnés de 9 mouchetures d'hermines, aussi de sable, 3 en chef, 3 en face et 3 en pointe.

VILLEDON de SANSEY, Alexis-François, 1747, devait être

des Villedon de Perreffons, du diocèse de Saintes, qui portent : d'argent, à 3 fasces ondées de gueules.

LINGIER DE SAINT-SULPICE, Léon-Hyacinthe, 1778, du Poitou : d'argent à une fasce fuselée de gueules de 5 pièces, accompagnée de 8 mouchetures d'hermines de sable, 4 en chef et 4 en pointe.

APOTHICAIRES de la ville de Vendôme, la communauté des : tiercé en bande d'or, de sinople et de gueules. (*Ar. ms.*)

APREMONT d', ou d'Aspremont. V. du PORTAIL.

AUBY d', S. de la vicomté d'Argerie, Boiry, et Quercy, XVIII⁰ siècle, époux N. de Lannoy. Des Lanoy d'Anjou ou du Hainaut ?

AUGRY, René, conseiller du roi, lieutenant en l'élection de Vendôme, 1698 : parti au 1, d'azur à une gerbe d'or surmontée d'un oiseau d'argent ; et, au 2, de gueules à une main d'or tenant une plume et une épée d'argent accompagnée en chef de 2 étoiles d'or. (*Ar. ms.*)

AUGUSTINS, à Montoire, couvent fondé en 1427 : tiercé en bande d'azur, d'hermines et de vair. (*Ar. ms.*)

AUTROCHE d, V. de LOYNES.

BABOU de la Bourdaisière, s. de Mondoubleau, XVIᵉ siècle. Illustre famille du Berri, éteinte, portait : écartelé aux 1, 4, d'argent, au bras de gueules, sortant d'une vache d'azur, tenant une poignée de vesce, en rameau, de 3 pièces de sinople ; aux 2 et 3, de sinople, au pal d'argent, parti de gueules au pal d'argent. (*La Ch.*)

BAGLAN, Jean, chanoine de l'église de Vendôme, 1698 : d'or à un heaume d'azur, percé d'une épée de gueules, mise en face, coupée d'azur, à 2 croissants d'or rangés en fasce (*Ar. ms.*)

BAILLOU de, Marie, épouse, en 1300, de N. de Coutance, s. de la Fredonnière. De Baillou, s. du lieu, au Maine, dont était le médecin de Louis XIII : d'or, à 3 hures de sanglier de gueules. (*Hist. de Baglion.*) Ces 2 familles étaient-elles distinctes ?

BAPAUME, comtes de, du nom de de Coigne, S. de Poncé, 1682-1761.

BARENTIN, Joseph, Chev., S. de la Salle, 1698 : d'or à 3 fasces ondées d'azur et un chef de même chargé de 3 étoiles d'or. (*Ar. ms.*) ; d'or à 3 fasces, la 1ʳᵉ d'or et droite, les 2 autres d'argent et ondées, surmontées de 3 étoiles d'or. (*Dub.*)

BARON, officier du roi, à Saint-Cyr de Sargé, 1674. Baron, S. de Chavigny : d'azur à la bande d'or, accostée de 2 besans de même. (*Cauvin.*)

BARRE la, en Vendômois : d'argent à 3 lions de sable parés d'or. La Brosse porte de même. (*Ar. d. M.*) La Barre, en Vendômois : d'or à la bande de gueules accostée de 2 croissants de même. (*De Trémault.*)

BARRILLER le. V. LEBARILLET.

BAUDRY de, S. de Villejussin, 1789. Baudry, procureur du roi, 1698, à Blois : de gueules, au casque d'argent, écartelé aussi de gueules, au panache ou aigrette d'argent. (*Ar. ms.*)

BEAUCORPS de, avec titre de comte : d'azur, à 2 fasces d'or.

BEAUFORT, duc de, fils de César, duc de Vendôme, portait comme son père, un lambel de 3 pendants de gueules. (*La Ch.*)

BEAUFORT, comte de, V. MONTBOISSIER.

BEAUGENCY de, Srs de La Flèche, en Anjou. L'ancienne maison de ce nom s'armait, d'après *Ménage* : de gueules à 2 tours d'argent et d'une flèche de même au milieu de ces tours, à la bande d'azur, parsemée de fleurs de lys d'or. D'après *la Chenaye*, elle portait : échiqueté d'or et d'azur, à la fasce de gueules brochante sur le tout. Godefroi II de Beaugency fut abbé de Vendôme, en 1222.

BEAUJEU, la dame de, 1789, qui fit partie de l'assemblée de la noblesse du Vendômois, de Mondoubleau et Saint-Calais, était de la maison Chatillon-du-Plessis, du Maine.

BAUME, marquis de la, V. TALLART.

BEAUMONT, famille ancienne originaire de Vendôme, répandue en Provence, Artois et Normandie : d'or à la bande d'azur, accompagnée de 3 étoiles de gueules, 2 à senestre, en chef, et 1 à dextre, en pointe. (*La Chen.*)

BEAUMONT de, V. BONNINIÈRE et VASSEUR.

BEAUMONT-LA-CHARTRE, prieuré de, dépendant de l'abbaye de Saint-Julien de Tours : de sinople, à la montagne d'or. (*Ar. ms.*)

BEAUVAIS DE SAINT-PAUL de, ancienne noblesse du Gastinais ou de Normandie, passée au Maine. Alexandre-Désiré de Saint-Paul, né à Mondoubleau, a écrit l'*histoire* de cette ville. Son fils, M. le vicomte de Saint-Paul, existe à Saint-Michel de Chavaigne (Sarthe) : d'azur à 3 fasces d'or. (*Ar. du Maine.*)

BEAUXONCLES de, S. de Saint-Calais, 1593-1601, et d'Oucques, XVIIe siècle : de gueules à 3 coquilles d'or, 2, 1. Famille originaire du Dunois, où on la trouve en 1400. Elle avait titre de marquis et de comte dès avant 1789; éteinte au XIXe siècle.

BELABRE, marquis de, en Berri, et s. d'Oucques, 1789. V. le COIGNEUX.

BELIN, Noel-Benjamin, dernier doyen du chapitre de Trôo, 1760 - 1789, était d'une famille originaire de la Suze, au Maine, où elle était connue en 1550. Notre Belin était sorti de la branche du Gaceau, devenue celle de Chantemêle : d'azur à un bélier passant d'or, accompagné de 3 étoiles à 5 rais d'argent, 2 en chef et 1 en pointe. (*Ar. d. M.*)

BELLAY du, René, S. de la Flotte, XVIe siècle, un des principaux ligueurs du Vendômois. Maison illustre, avec titre de marquis de Thouarcé, en Anjou, et de prince d'Yvetot : d'argent à la bande fuzelée de gueules, accompagnée de 6 fleurs de lys d'azur, mises en orle, 3 en chef, et 3 en pointe. (*La Ch.*)

BELLEFOND de, du nom de le Jai et Jabre.

BELOT, Guillaume. S. du Clos, Moulins, Laleu, la Môthe. Famille du Blaisois. Cette branche : d'azur au las d'amour d'or, surmonté en chef de 2 étoiles de même. (*La Ch.*)

BELLIGNY de, en Saint-Avit. Un de ses ancêtres avait commandé l'artillerie sous Henri IV.

BENEDICTINS de la Très-Sainte-Trinité de Vendôme, 1698 : d'or à un agneau pascal de sable couronné d'argent, et portant dans sa patte dextre une croix de sable, à laquelle pend une banderolle d'argent chargé d'une larme de gueules. (*Ar. ms.*)

BENEHART de, V. MAILLÉ.

BERNARD de la Crossonnière, de, aux Rouaudières, en Cormenon, XIXe siècle. Plusieurs familles du nom de Bernard.

BERNARDON de, S. d'un fief à Saint-Firmin, assista à l'assemblée de la Noblesse du Vendômois, 1789 : d'argent à 3 têtes de chardon renversées de gueules, fleurées d'argent, 2, 1. (*Peinture.*)

BERRUIER, Maurice, officier vétéran du roi, 1698 : d'or à un arbre arraché de gueules, accompagné de 3 croissants, de même, 2, 1; et une barre d'azur brochant sur le tout. (*Ar. ms.*)

BRUYERRE, la Berruère, la Bruyère, depuis les Radrets, en Sargé ; ancien fief possédé autrefois par une famille d'Houdausset, laquelle avait pris le nom de la Berruyère (en 1456). On dit que Jean de la Bruyère était sorti d'une famille du pays de Mondoubleau. Les la Bruyère d'Houdausset ont peut-être donné lieu à cette opinion.

BEZAY de, V. GALLOIS.

BIRÉ de, propriétaire en 1842, de la terre du Grand-Bouchet, en Choue, était-elle des Fontaine de Biré, de la Flèche, qui portent : d'azur à un chevron d'or accompagné en chef de 2 trèfles et en pointe d'une gerbe de même (*Ar. ms.*)? Il y a, en Bretagne, une autre famille de Biré, qui n'est point du nom de Fontaine.

BODIN de, S. du Chastellier, originaire de Flandre : d'azur au chevron d'or, accompagné de 3 roses de même, 2, 1, au chef d'argent chargé de 3 molettes d'azur.

BODINEAU Pierre, éc., S. de Meslé : de sable à un aigle éployé d'argent, lampassé et armé de gueules. Bodineau de Meslay, s. du Plessis, fut appelé à l'assemblée de la Noblesse de Vendôme, en 1789. (*Ar. ms.*)

BOIL du, V. POULARD.

BOHYERS, baron de Saint-Cyergue, S. de Barthelemy et de Longue-Touche, en Vendômois, du chef de sa femme, Catherine Briçonnet, Général de France : d'or au lion d'azur, au chef de gueules. (*M. des R.*)

BONNINIÈRE de la, marquis de Beaumont-la-Ronce et de la Chartre-sur-Loir, 1789 : d'argent à la fleur de lys de gueules. (*Sceau.*) Le comte de la Bonninière était pair de France, de 1814.

BONVOUST de. Deux gentilshommes de ce nom assistèrent à l'assemblée des bailliages du Vendômois, Mondoubleau et Saint-Calais, 1789. Les Bonvoust, s. de la Miottière, au Bas-Maine : d'argent à 2 faces d'azur accompagnées de 6 merlettes de sable, 3, 2, 1. (*Ar. d. M.*)

BORTHON de, S. du fief Corbin, en 1790 ; son fils tué à la bataille de Dresde, en 1813. Claude Borthon, procureur au parlement de Paris, 1695, portait : d'azur au chevron d'or accompagné en chef de 2 bandes de même, et, en pointe, d'une rose quintefeuille d'argent. (*Ar. ms.*)

BOUCHAIGE du, V. CHANDRIER.

BOUCHARD de COURTREMBLAY, S. de Connerré, au Maine, de la Roche-Turpin et de Poncé, avant le XVe siècle. Gervais et Guérin, son fils, vivaient en 1145 ; Richard, croisé contre les Infidèles, en 1372, s'armait : d'or et de vair de 6 pièces. (*Ar. d. M.*)

BOUCHERS de la ville de Vendôme, la communauté des : tiercé en bande, d'argent, d'or et d'azur. (*Ar. ms.*)

BOULANGERS de la ville de Vendôme, la communauté des : tiercé en bande, d'argent, d'or et de vair. (*Ar. ms.*)

BOULT de LANGERON, Claude, éc., 1698, prévost de la Maréchaussée du duché de Vendôme et du comté de Blois : d'argent au chevron de gueules accompagné de 3 roses de même, 2, 1. (*Ar*, *ms.*)

BOUMEUF de, damoiselle, 1698 : d'or, à un porc-épic de sable et un chef de gueules, chargé de 3 roses d'argent. (*Ar. ms.*)

BOURBON-VENDOME, S. de Mondoubleau, XVIe siècle : d'azur, à 3 fleurs de lys d'or, avec un bâton de gueules chargé de 3 lionceaux d'argent. Charles III, 1590, écartelait d'*Alençon*, qui portait une bordure de gueules chargée de 8 besans d'argent. V. VENDOME.

BOURDAISIÈRE de la, V. BABOU.

BOURDEILLES de, 44e abbé de Vendôme, d'une illustre famille de Guyenne et Périgord, passée en Touraine ; a donné un cardinal ; alliée avec la maison de Vendôme : d'or à 2 pattes de griffon de gueules onglées d'azur et posées en contrebande l'une sur l'autre. (*La Ch.*)

BOUSCHET DE SOURCHES du ; illustre noblesse du Maine. Jeanne, héritière de la branche aînée, épousa Hugues IV, comte de Vendômois et vicomte de Châteaudun, vers la fin du XIIe siècle : d'argent à 2 fasces de sable. Maison éteinte dans celle d'Escars. (*Ar. d. M.*) Une branche s'établit en Vendômois, qui eut pour auteur Simon du Bouschet, S. de Jarsan, chambellan de Charles VII. Lancelot fut gouverneur de Vendôme en 1616. Cette branche écartelait de gueules, au chef de même, chargé de 4 besans d'argent. (*La Ch.*)

BOUSSART, natif de Chartres, S. de Chassé, la Loretière, Courtemblay en Vendômois ? mort en 1214 : d'argent, à 2 fasces de sable accompagnés de 6 roses de gueules, 3, 2, 1.

BOUSSINIÈRE de la, V. PRUDHOMME.

BOUTRAIS, procureur du roi à Vendôme, XVIIIe siècle : de... à une fasce chargé d'un chien ailé ? passant, avec 3 arbres de sinople en chef, et en pointe une rivière de. . . . . (*M. Bouchet.*)

BOUVARD, Charles, médecin du roi, en 1624, né à Montoire, anobli en 1629. Michel, S. de Fourqueux, conseiller au Parlement, 1645, portait : d'azur à 3 fasces d'or, accompagnés en chef d'un croissant, et, en pointe, de 3 étoiles posées en fasce, le tout d'or. (*Ar. du Maine.*)

BOYNDRE le, Leboyndre, Françoise, femme de Arrondeau, à Vendôme, 1557 ; d'une famille du Mans, connue au Parlement de Paris, et dont le chartrier se trouve à la Bibliothèque du Mans :

de pourpre au chevron d'or, accompagné de 2 roses en chef et d'une pomme de pin, en pointe, de même.(*Cauvin.*)

BRAUX de, surnom de la famille de Courtoux.

BRETON le, éc., S. de la Rigaudière, 1698. Ce gentilhomme nous paraît être des le Breton de Vannoise, originaires du pays de Falaise, passés au Mans : d'argent à 3 roses de gueules, 2, 1. (*Ar. ms.*)

BRIE de, Alexandre, S. de la Ferté, 1698, Directeur des Aides en l'Election de Vendôme : d'or au lion de sable lampassé et orné de gueules. (*Ar. ms.*)

BRIENNE de, V. LOMENIE.

BROCEY de, V. PETIT.

BROSSARD, S. de Clairfontaine, à Fontaine-Raoul, 1672. Plusieurs familles de ce nom, en Normandie. Celle du Maine : d'argent à 3 fleurs de lys mi-parti d'azur et de gueules, 2, 1, et une cotice de gueules brochant sur le tout. (*Ar. ms.*)

BROSSIER, Jeau, Bailli de Mondoubleau, 1698 : d'azur, à 2 étoiles d'or en chef, et en pointe un croissant de même. N'était pas noble. (*Ar. ms.*)

BRUNIER, Abel, éc., S. de Villesablon, 1698 : d'or à une noix patriarcale de gueules. (*Ar. ms.*) De Brunier, S. d'un fief à Saint-Firmin, fut membre de la noblesse du Bailliage du Vendômois, en 1789.

BUEIL de, grande maison de Touraine qui remonte au XIIIᵉ siècle. Elle a possédé la sgrie de la Chartre au XVIᵉ siècle : d'azur, au croissant d'argent, accompagné de 6 croix recroisettées, au pied fiché d'or, 3 en chef, et 3 en pointe. (*La Ch.*)

CALAIS Saint, abbaye de Bénédictins, fondée au VIᵉ siècle : d'azur, à 2 crosses d'or adossées, posées en pal, accostées de 2 fleurs de lys de même. On lui donne aussi : d'azur, à 3 fleurs de lys d'or posées en pal, accostées de 2 crosses de même. (*Cauvin.*) L'abbé de Saint-Calais était présentateur à plusieurs prieurés et cures du Vendômois. (V. Bulletin de 1865.) L'*Ar. ms.* donne pour armes à l'abbaye de Saint-Calais, en 1698 : d'or, à une croix de gueules.

CALVAIRE de Vendôme, le Couvent des Religieuses du, 1698 : d'argent à une croix de sable devant laquelle est debout une N.-D. de Pitié, d'or.(*Ar. ms.*)

CANILLAC, marquis de, V. MONTBOISSIER.

CAUMARTIN, Lefevre de, S. du Fresne, près Montoire, 1695. Famille illustre, originaire du Ponthieu, avec titre de marquis, de

1661. Un plan peint du château du Fresne représente : d'azur à 5 faces d'argent. Un autre écusson, peut-être celui de Mme de Caumartin, donne : d'argent, au chef de gueules avec un lion grimpant d'azur brochant sur le tout.

CELLÉ, prieuré de, dans le Bas-Vendômois ; dépendait de l'abbaye de Saint-Lomer de Blois et jouissait du titre de baronnie : tiercé en bande de sable, de vair et d'hermines. (Ar. ms.)

CHABOT, Guillaume, est nommé parmi les plus grands seigneurs du pays dans l'acte de fondation de l'abbaye de la Trinité de Vendôme, faite l'an 1040 par Geoffroy-Martel, comte d'Anjou. La maison de Chabot est originaire du Poitou ; elle compte 3 ducs et pairs, un grand amiral en 1525, un chevalier du Saint-Esprit, et un de la Jarretière. — On trouve un Chabot, S. du Fresne, en Vendômois, XVIe siècle. Il y en a encore de ce nom au XIXe siècle : d'or à 3 chabots de gueules. De Chabot, S. des Rudrets, se fit représenter à l'assemblée de la noblesse de la Province, 1789. Chabot, S. de Souville, m. t. 1707. (La Ch.)

CHAILLOU Amelot de, fondateur de l'hospice de Morée, en 1614 : d'azur à 3 cœurs d'or surmontés d'un soleil de même. (Cauvin et Bulletin de 1865.) Famille de Touraine.

CHAMBRAY de, avec titre de marquis ; anciens seigneurs barons de Poncé et de la Roche-Turpin, 1440-1641 ; maison originaire de Normandie, où elle existe encore : d'hermines à 3 tourtaux de gueules, 2, 1. (Ar. d. M.)

CHAMBRE de la, famille de Savoye avec titre de comte. Louis, 37e abbé de Vendôme, Grand-Aumônier de France : d'azur semé de fleurs de lys d'or, à la bande de gueules. (Cauvin.)

CHAMILLART DE LA SUZE, avec titre de marquis ; maison de la Basse-Normandie, établie dans le Maine depuis 1720 ; elle posséda, au XIXe siècle, la terre de Glatigny, en Souday : d'azur, à la levrette d'argent colletée de gueules, au chef d'or chargé de 3 molettes de sable. (Sceau.)

CHAMPAGNÉ, baron de, de la maison de Villiers, époux de Jeanne de Mar, dame de Bénehart, vers 1450.

CHAMPCHEVRIER, B^on de, V. LA RUE DU CAN.

CHANDRIER DU BOUCHAIGE, épouse de Louis Ronssard de la Poissonnière, premier maître-d'hôtel du roi : d'argent à 3 chaudières avec leurs anses de sable. (Pr. d. M.)

CHAOURSES DE BEAUREGARD, de, S. de Boisfrelon, en Vendômois : d'argent à 5 faces de gueules. (d'Hozier.)

CHAPELIERS de la ville de Vendôme, la communauté des : tiercé en bande, d'argent, d'or et de gueules. (*Ar. ms.*

CHAPELLE, le S. de la, officier du roi, 1689, à Mondoubleau.

CHAPELLE-VICOMTESSE, prieuré de la, dans le diocèse de Blois et le ressort de Châteauduloir : d'azur, à une église d'argent. (*Ar. ms.*)

CHAPITRE de l'Eglise collégiale de Saint-Martin de Trôo : d'or, à un saint Martin à cheval d'azur. (*Ar. ms.*)

CHAPITRE de l'Eglise collégiale de Saint-Georges de Vendôme : d'azur, semé de fleurs de lys d'or, à un dextrochère de sable tenant un guidon d'argent, à une croix de gueules. (*Ar. ms.*)

CHAPUISET, originaire du Vendômois, S. de Montreuil et de Fontaines : d'azur à l'écusson de sable chargé d'une étoile d'or en abîme et accompagné de 3 quintefeuilles d'argent.

CHARCUTIERS de la ville de Vendôme, la communauté des : tiercé en bande, d'argent, d'hermines et de gueules. (*Ar. ms.*)

CHARLOT, Sébastien, officier du roi, à Savigné-sur-Braye. 1689. — Le nobiliaire de Normandie donne pour armes aux Charlot de Villeneuve et de Beauchesne : d'argent, à 3 aigles à 2 têtes de sable, 2, 1 ; et l'*Ar. ms.* : d'argent, à la bande d'azur chargée de 3 étoiles d'or, 2, 1.

CHARPENTIERS de la ville de Vendôme, la communauté des : tiercé en bande, d'argent, de sable et de gueules (*Ar. ms.*)

CHARRONS de la ville de Vendôme, la communauté des : tiercé en bande, d'argent, de gueules et de sable. (*Ar. ms.*)

CHARTRE le prieuré de la, fondé par Hildebert, 1097-1125, en faveur de l'abbaye de Vendôme : d'azur, à un navire d'or, accompagné en chef de 2 crosses ou croissants de même. (*Ar. ms.*)

CHATAIGNERAYE, demoiselle de la, dame de fiefs à Danzé, 1789. Etait-elle de la maison Marin Marquis de la Chataigneraye, en Poitou ?

CHASTAIGNERAYE de la, écartelé : aux 1, 4, d'or à 3 faces de gueules ; aux 2, 3, d'argent au chef de gueules, et sur le tout un lion d'azur, langué, onglé d'or, ayant sur le cou une fleur de lys d'or. (*Prieur de Mondonville.*) — Nous ne savons si cette famille est la même que celle de ce nom en Vendômois.

CHATEAUDUN, Geoffroi IV, vicomte de, S. de Mondoubleau, 1248, époux de Clémence des Roches : lozangé d'or et de gueules, au bâton d'argent en bande. (*Ms.*)

CHATEAUDUN, abbaye de la Madeleine de : d'or, à un aigle de gueules. Le prieuré de Choue relevait de cette abbaye.

CHATELLIER du, de la maison Salmon.

CHATENAY de, de la maison de Verthamon, à Villerable, 1789.

CHAVIGNY, Leroy de, comte de Clinchamp, gouverneur du Maine et du Bas-Vendômois, 1560-66 : écartelé aux 1, 4, d'argent à la bande de gueules, qui est Leroy ; aux 2, 3, de Dreux. Chavigny est une sgrie en Saint-Marceau, au Maine.

CHENARDIÈRE de la, membre de l'assemblée de la noblesse dos bailliages du Vendômois, Mondoubleau et Saint-Calais. — V. GAUDIN.

CHENEVIÈRE, de, S. de Glatigny, en Souday, 1698. Famille de Normandie : d'azur, à l'écusson d'argent chargé d'une merlette de sable, et accompagnée de 8 étoiles d'argent en orle. (*Cauvin.*)

CHEVEIGNÉ de, V. RICHE le.

CHEVERNY de, Jean-Nicolas Dufort de Saint-Leu, comte de Cheverny, introducteur des ambassadeurs, lieutenant-général du roi pour les provinces de Blaisois, Vendômois et bailliage d'Amboise, S. de Cheverny, 1789.

CHEVERNY, marquis de, de la maison Hurault.

CHIRUGIENS de la ville de Vendôme, la communauté des : tiercé en bande d'or, de sable et de gueules. (*Ar. ms.*)

CHOLET, S. de Dangeau, de la Chottière ; maison alliée à celle de Vendôme. Elle était connue en l'an 1297 : bandé d'or et de sable de 6 pièces. (*La Ch.*)

CHOUE prieuré de, ressort de Château-du-Loir et diocèse de Blois : d'or, à l'aigle de gueules. (*Ar. ms.*)

CIERGIERS, CHANDELIEURS & DROGUISTES de la ville de Vendôme, la communauté des : tiercé en bande d'or, de gueules et d'hermines. (*Ar. ms.*)

CISSAI de, ou Sisé, éc., à Souday, porté au rôle de l'arrière-ban du Maine, 1685.

CLERMONT de, Raoul, S. de Nesle et de Brias, époux d'Alix, héritière de Châteaudun, de Mondoubleau, connétable de France, XIIe siècle : écartelé aux 1, 4, de Clermont-Nesle de gueules semé de trèfle d'or à 2 bars adossés aussi d'or brochant sur le tout. (*De Saint-Paul.*)

CLINCHAMP de, V. CHAVIGNY. — Ne pas confondre avec la famille de Clinchamp, au Maine, qui posséda aussi la sgrie de Saint-Marceau et l'avait encore en 1789.

COCHEFILET : d'argent, à 2 léopards de gueules armés, lampassés et couronnés d'or. N., était sgr de la Mairie près Saint-

Calais, XVIe siècle ; Joseph était sgr de Saint-Martin de Villlenglose en Anjou. Famille du Vendômois, titrée comte de Vauvieux et baron de Vaucelas.

COETANFAO, les marquis de, sont devenus les aînés de la maison de Keroent, l'une des plus anciennes de Bretagne ; écartelé : aux 1 et 4, de Kergournadeck, qui est échiqueté d'or et de gueules ; aux 2 et 3, d'azur à la fleur de lys d'or, cottoyée en pointe de 2 mâcles de même, qui est Coetanfao, et sur le tout l'écusson de Keroent. (*La Ch.*) V. KEROENT.

COIGNE de, S. de Poncé, 1683-1761.

COIGNEUX le, baron de la Roche-Turpin et de la Flotte, XVIIIe siècle ; famille considérable de Paris, anoblie en 1506. Elle a donné 2 présidents au Parlement de Paris ; titrée marquis de Belabre : d'azur, à 3 porcs-épics d'or, 2, 1. (*M. d. R.*)

COMMARGON de, ou de Caumargon, en Saint-Avit, XVIIIe siècle : d'or, à 3 cannettes de sable, 2 en chef, et une en pointe. (*Ar. ms.*)

CORDIERS de la ville de Vendôme, la communauté des : tiercé en bande d'or, d'hermines et de sinople. (*Ar. ms.*)

CORDONNIERS de la ville de Vendôme, la communauté des : tiercé en bande d'or, de gueules et de vair. (*Ar. ms.*)

COURTARVEL de, avec titre de marquis. Très-ancienne noblesse du Maine ; elle a fourni, en 1734, un chevalier des ordres ; en 1814, un pair de France ; depuis, un député de Loir-et-Cher. L'unique représentant de cette maison demeure aujourd'hui à Lierville. Cette famille s'est fixée en Vendômois par alliance avec celle de Coutance : d'azur, au sautoir d'or, accompagué de 16 lozanges de même, posés en face, au chef et à la pointe ; aux flancs rangés en pal, 2, 1. *Supports :* 2 lions contournés et couchés (*Sceau.*)

COURTOUX de, barons, puis marquis de la Chartre, par érection de 1697. Ils possédèrent cette terre de 1639 à 1733, au moins : d'argent, à la face dentelée de sable remplie d'or, accompagnée de 3 roses de gueules, 2 en chef et 1 en pointe. (*Ar. ms.*)

CORPS DE MÉTIERS, ou communautés. Voyez aux noms des Corps de métiers, ou communautés.

COSNE de, née de Bailly, était dame de St-Mars-de-Locqueday, au Maine. Elle fut appelée à l'assemblée de la noblesse des bailliages du Vendômois, Mondoublean et Saint-Calais, 1789. Plusieurs familles du nom de Cosne.

COTTEN, Geneviève, veuve de Louis Ronssard de St-Amand,

1698 : d'azur, au chevron d'or accompagné en chef de 2 étoiles de même et, en pointe, d'un trèfle d'or. (*Ar. ms.*)

COUDUN de, 30e abbé de Vendôme, frère d'Hélie de Coudun, maître des requêtes.

COULANGES de, du nom de CHASTELLIER, qui portait : d'azur, à la barre d'or et 4 billettes de même ; *alias,* une bande d'or au lieu de barre et 7 billettes. 4, 3. (*Pr. d. M.*) De Coulanges, S. du lieu, du nom de Daverges, 1789, bailliage de Mondoubleau. De Coulanges, du nom de Scot.

COURCILLON de, Jean, de l'illustre famille des marquis de Danjeau, S. de Dissay, gouverneur du château de Mondoubleau, pendant les guerres des Anglais ; maison éteinte : d'argent, à la bande fuselée de gueules, au lion d'azur à senestre. (*La Ch.*)

COURTREMBLAY de, V. BOUCHARD.

COURTREMBLAY de, de la maison Salmon, en Vendômois.

COUTANCE de, S de Baillou, Vallennes, de Lisle, la Gannerie, la Fredonnière, fief-Corbin, Petit-Hostel ; éteints dans la maison de Courtarvel, en 1759, originaires de Bretagne : d'azur, à 2 fasces d'argent bordées de sable, accompagnées de 3 besans d'argent, *alias* d'or, 2 en chef et 1 en pointe. Les de Coutances, en Normandie, m. t., 1668, avaient d'autres armes. (*Cauvin.*)

COUVREURS de la ville de Vendôme, la communauté des : tiercé en bande d'or, de sable et de vair. (*Ar. ms.*)

CRÉMAINVILLE de, éc., S. des Mussets en Sainte-Anne de Baillou, 1717 : d'azur, à un besan d'or et un chef de même, chargé de 2 tourteaux d'azur. (*d'Hozier.*)

CRÉVENT de, ou de Crevant, 33e abbé de Vendôme, d'une illustre maison de Touraine : écartelé d'argent et d'azur. On voit ces armes sur un panneau de bois placé autour du chœur de l'église abbatiale de Vendôme. Le duc d'Humières, grand-maître de l'artillerie, 1685-1694, était de cette maison.

CROSNEAU DE LA MABILIÈRE, Pierre, Conseiller et Procureur du roi en l'Election de Vendôme, 1698 : d'azur, à une face ondée d'argent, accompagnée en chef d'une couronne de comte, d'or. (*Ar ms.*)

CURÉE Filhet de la, S. de la Curée et de la Roche-Turpin. chevalier des ordres du roi en 1618, mort en 1633, sans enfants : de gueules, à 5 fusées d'argent mises en bande. Ce Claude était fils de Gilbert, lieutenant au gouvernement du Vendômois et de Françoise Errault de Chemans (d'Anjou). Il épousa : 1o Marie Spifame ; 2o Marie Hennequin, veuve Babou de la Bourdaisière.

DAMAS-THIANGE de, avec titre de comte, ambassadeur à Londres, S. de la Thierais, du chef de sa femme, née de Lucé : d'or, à la croix de gueules, écartelé de Rochechouart, qui est : fascé, enté *ou* nébulé d'argent et de gueules de 6 pièces. (*Dub.*)

DAMMARTIN, comtes de, en Beauvaisis, de la maison de Trie, avant 1338.

DAMMARTIN, comtes de, de la maison Bureau-Larivière, sgrs et barons de Mondoubleau, en 1402, par héritage des précédents.

DAMPMARTIN de, éc., S. de Villeprouvaire, 1481.

DANGU, barons de, titre de la maison Sublet.

DARROT, marquis de la Poplinière (ou Pouplinière) en Poitou, S. de Saint-Cyr de Sargé, de 1645 à 1700 : de sable, à 2 cygnes affrontés ayant la tête contournée et le col entrelacé l'un dans l'autre, tenant dans leurs becs un anneau d'or, membrés et becqués de même. Anoblissement de 1460.

DAURAY, Louis-Charles, commandeur d'Artins, chevalier de Sainte-Poix, 1786. Etait-il des Dauray de Bretagne, qui portent : lozangé d'or et d'azur ?

DENIAU, Michel, Procureur du roi au grenier à sel de Mondoubleau, 1698 : d'azur, à un croissant d'argent, accompagné de 3 étoiles d'or. (*Ar. ms.*) Nous pensons que ce Deniau était de la famille de celui dont on lit les lettres sur les événements de la Ligue, dans le Vendômois, dans l'*Histoire de Mondoubleau,* par M. de Saint-Paul. Une famille du nom de Deniau était une des plus considérables de la ville du Mans.

DESCHELLES, Jean, S. d'Oucques en Vendômois, père d'autre Jean qui épousa, en 1500, Marie de Beauvilliers, fille de Robert, S. du Plessis-Martineau, et de Catherine de Beauxoncles : échiqueté d'or et d'azur. (*La Ch.*)

DESESSARTS, V. des ESSARTS.

DIVIDIS, écuyer, originaire du Perche, XIXe siècle, époux d'Elisabeth-Marie de Fontenay, à Chapdasne, pss de St-Firmin-des-Prés, en Vendômois : de.... à 3 fusées de.....

ET de, de la plus ancienne noblesse d'Auvergne, al- de... Fayette, de Saint-Aulaire, d'Aubusson-la-Feuillade, du Prat, de ...daillac, de Sarrazin, de Jumilhac, etc. Voyez les armes et l'articl DE MAUDE.

DRAPIERS Toiliers et Enjoliveurs de la ville de Vendôme, la communauté ...es marchands : tiercé en bande, d'hermines, d'or et de ...nople (*Ar. ms.*).

DRAPIERS et Tissiers de Vendôme, la communauté des : tiercé en bande, d'hermines, d'or et de sable. (*Ar. ms.*)

DREUX de, Robert, ép. de Clémence, baronne de Mondoubleau, 1253 : échiqueté d'or et d'azur à la bordure de gueules.

DUFORT, comte de. V. CHEVERNY.

DUCHAILLOU, Adam, S. de Lormeau, éc., époux de Marguerite de Dampmartin, XVIe siècle.

DURCET, Sgrs barons de Poncé, 1761-1792. Famille venue de Normandie au pays chartrain, puis établie en Vendômois par la succession de Poncé : de sable au lion d'or, au chevron d'argent brochant sur le tout. (*Mis du Prat.*)

EDME, S. des Rouaudières, en Cormenon, directeur de la Compagnie des Indes, XVIIIe siècle. Famille originaire de Hollande : d'argent à une ancre de sable, en pal, la tige dans une gerbe de blé d'or, liée de gueules, accompagnée de 2 grenades de gueules tigées et feillées de sinople, avec un soleil d'or, en chef. (*Bon de Vanssay.*)

ELECTION de Vendôme, l'. Ce tribunal jugeait en matière de contributions : tiercé en bande, d'or, de vair et de sinople. (*Ar. ms.*)

ENLART DE GRANDVAL, famille du Conseil Souverain d'Artois, originaire du Boulonnais : d'azur, au chevron d'or, surmonté de 3 croissants du même, avec une croix ancrée aussi d'or, en pointe. (*Sceau.*)

ENTRAGUES, les seigneurs d', étaient de la maison d'Illiers (en Beauce), issue de Vendôme, éteinte en 1701, et qui s'armait : d'or, à 6 annelets de gueules, 3, 2, 1. (*La Ch.*) V. ILLIERS.

EPAU, l'abbé de, était présentateur à la cure de Tourailles, en Vendômois. L'abbaye de l'Epau, près Le Mans, était de l'ordre de Citeaux, fondée en 1229 : d'azur, à une fleur de lys d'or, écartelé d'argent à un lion de sable. L'abbaye avait adopté ces armes, qui sont celles de Jean Tafforeau, l'un de ses abbés. (*Cauvin* et *Bulletin de 1865.*)

EPICIERE, le sire de l', V. de VOVE.

ESCOUBLEAU DE SOURDIS, S. de Mondoubleau : parti d'azur et de gueules à la bande d'or brochant sur le tout. Supports : 2 levrettes rampantes. Maison noble et ancienne du Poitou. Cette branche des Sgrs de Mondoubleau, comtes de Monluc, de Jouy et marquis d'Alluye, eut pour auteur Etienne Escoubleau, 2e fils de Maurice d'Escoubleau, XVIe siècle.

ESSARTS des, demoiselle, propriétaire de fiefs à Espéreuse,

1789, n'était-elle point de la maison de la Roche-Bousseau, S. des Essarts et de fiefs aux Artins? ou bien était-elle de la maison des Essarts, en Touraine, qui portait : d'argent à la bande de gueules chargée de 3 défenses d'éléphant d'argent ?

ESTAING d', illustre famille de Rouergue. Le comte d'Estaing, S. de fiefs, à Couture, assista à l'assemblée de la noblesse du Vendômois, 1789 : de France au chef de gueules. (*La Ch.*) *Alias*, chef d'or.

ESTOILLE de l', aux Rouaudières en Cormenon. Illustre famille de robe, originaire de l'Orléanais : d'azur à une étoile d'or. (*La Ch.*)

EVÊCHÉ. Les armes de l'Evêché étaient et sont encore celles de l'Evêque régnant. Le Vendômois était placé autrefois sous la juridiction des évêques de Blois, de Chartres et du Mans, et, depuis le premier Concordat jusqu'en 1817, il fut compris dans la juridiction du diocèse d'Orléans.

EVRON, abbaye de Bénédictins, fondée dans la ville de ce nom, au Maine, vers 630 ou 640 par l'évêque saint Hadoind ; rétablie vers 797, par Robert, vicomte de Blois ; avait titre de baronnie : d'azur à une Vierge issante, tenant à dextre l'enfant Jésus, à senestre, une phiole, le tout d'argent, coupé de gueules à 3 pals de vair. (*Sceau.*) De gueules, à la croix d'argent, chargée en cœur d'une perle d'azur et sur les 4 bouts d'une coquille de même. L'abbé d'Evron présentait à plusieurs cures et prieurés du Vendômois. (*V. Bulletin de 1865.*)

FAUDOAS de, dame de Lierville, veuve du marquis de Courtarvel, se fit représenter à l'assemblée de la noblesse de la Province, 1789. La maison de Faudoas, passée au Maine, est originaire du Midi. Jean-François de Faudoas prit les noms et armes du comte de Belin à cause de son mariage avec Renée d'Averton, comtesse de Belin, en 1582. L'héritière des Faudoas, au Maine, a épousé depuis 1861 N. d'Angely, au Mans. Armes de Faudoas : d'azur à la croix d'or, écartelé d'*Averton* qui est de gueules à 3 jumelles d'argent. (*Sceau.*)

FELINS de, S. de Villebrun. Famille du Vendômois : d'or, à 1 fasce de gueules, accompagné de 7 merlettes de même, 4 en chef et 3 en pointe ; celles-ci posées 2 et 1. Simon de Felins vivait en 1400. (*La Ch.*)

FERRAND, François, éc., de la Bretonnière, gendarme du roi, à Mondoubleau, 1675 ; et Marie Ferrand, dame d'Alleray, à Choue : de sable à la face ondée d'argent, accompagnée de 3 traits de flèche, la pointe en bas. (*La Ch.*) Nous pensons que ce pourrait être la même famille que celle de Jean Ferrand, médecin de Charles IX et de Henri III, anobli en 1574, avec ces armes : d'azur à une fasce d'or, accompagnée de 3 épées d'argent, la garde d'or, et la poignée de même ; celle de la pointe, la pointe en haut. (*Anoblissements.*)

FERRIÈRE la, S. de la Ferrière en 1520 et de la Boulaye ; Famille du Vendômois : d'argent à 2 lions léopardés de sable, couronnés et armés d'or, et posés l'un sur l'autre. (*La Ch.*)

FESQUES, V. La ROCHE-BOUSSEAU.

FIEF-CORBIN, la demoiselle de, de la maison de Coutance, au XVIIe siècle. Cette terre passa à M. de Borthon, puis à M. de Tillière ; elle est aujourd'hui à Mme Doville. En 1499, Allain le Vasseur, S. de Congnée, rend aveu de cette terre à la comtesse de Vendôme, baronne de Mondoubleau.

FILHET, V. La CURÉE.

FLANDRE de, S. de Tenremonde et de Richebourg, S. de Mondoubleau, du chef de sa femme Alix de Clermont-Nesle, XIVe siècle : écartelé aux 1, 4 de FLANDRE qui est d'or, au lion de sable armé et lampassé de gueules, chargé d'une bande de même, brisée aux 2 bouts d'une coquille d'argent ; aux 2, et 3, chevronné d'or et de sable de 6 pièces qui étaient HAINAUT ANCIEN. (*de Saint-Paul.*) Jean de Flandre brisait d'un bâton peri en bande.

FLOTTE, Sgrs de la. Cette sgrie appartint aux maisons du Bellay, de Montignac, le Coigneux, de Fesques, etc.

FONTAINE, de la, S. de la Grand-Maison, à Chemillé, en Vendômois, 1689. Nous le croyons des la Fontaine du Bourgneuf, au Maine : d'hermines à la bande de gueules, chargée de 2 annelets d'or. (*Nob. de Norm.*)

FONTENAILLE, la sgrie de, était dans la maison de Vandomois, dès le XVIe siècle.

FONTENAY de, famille du Perche, d'ancienne noblesse. Plusieurs branches. De celle de la Guiardière était François-César de Fontenay, époux, de 1759, de Marie-Renée de la Fresnaye-Beaurepos, résidant à Vendôme, rue Parisienne. Leur fils aîné a fait souche à Nicolaëff, et dans le gouvernement d'Orel : d'argent à 2 lions passants de sable l'un sur l'autre, couronnés, langués et armés de gueules.

FORESTIER le, S. du Plessis : écartelé aux 1er et 4e : gironné d'or et d'azur et un chef de gueules ; aux 2 et 3 : de sable à une baude d'argent parsemée de branches de palmes de sinople, liées d'un ruban de gueules. (*Ar. ms.*)

FORESTO de, Aubert-François, éc., S. de Girardet, 1698 : d'or à un aigle éployé de sable. (*Ar. ms.*)

FORTIA, S. du Plessis-Fromentières et de Clereau, en Vendômois, branche de la maison Fortia-Chailli, originaire de Catalogne. La branche établie à Marseille avait titre de duc : d'azur à la tour crénelée et maçonnée de sable, posée sur un rocher de 7 copeaux de sinople, mouvants de la pointe de l'écu. Devise : *Turris fortissima virtus.* (*Ar. d. M.*)

FREDONNIÈRE, les Sgrs de la, de la maison de Coutance, puis de celle de Courtarvel. Cette sgrie appartint aux Pellerin de Gauville, puis aux Tourtier de Bellande, d'où elle vint aux de Salvert. C'est dans les caves du château de la Fredonnière, dit-on, que fut concerté le plan de la conjuration d'Amboise.

FREDUREAU DE VILLEDROUIN, Philippe, S. de Fleurigny, Lapommeraie et Vaubuisson, bailli de Montoire, 1749 : tiercé en bande de sinople, de gueules et d'or. Nous croyons que ces armes furent données *d'office* par d'Hozier en 1698, et que ce ne sont pas les vraies armes de la famille ?

FREMONT de, Jean-François, éc., S. de Bellassise, 1698 : échiqueté d'argent et de sable à une bande d'argent chargée d'une tête de lion d'azur. (*Ar. ms.*)

FRESNAYE DE BEAUREPOS, de la, Marie-Renée, née à Vibraye, 1742, décédée à Vendôme, paroisse Saint-Martin, 1789. Elle était fille du seigneur de Beaurepos, Tiret, la Bellonnière, et de Marie-Françoise le Musnier de Nantouillet ; elle avait épousé François-César de Fontenay, S. de la Guiardière : de gueules au lion d'or, au chef d'argent, chargé de 3 mouchetures d'hermines. (*Ar. ms.*)

FRETAY de, S. de fiefs à Savigné, 1789. Est-ce Fretay ou Fretté ?

FRETTÉ de, V. JOUSSELIN.

FRETEVAL, baron de, du nom de Mauvoisin-Rosny.

GALEMBERT Bodin de. Famille venue de Flandres, a formé 3 branches : celle du Chastellier, éteinte ; celle de Boisrenard, fixée dans le Blaisois, et celle de Galembert, dans le Vendômois : d'azur, au chevron d'or, accompagné de 3 roses de même, 2 en chef et 1 en pointe, au chef d'argent, chargé de 3 merlettes d'azur.

GALLOIS de BEZAY, S. de Bezay et de Bromplessé, en Désert, Frileuse, Veuves, en Vendômois, éteints après 1773, en celle de Sarrazin : d'or à 2 molettes d'éperon de sable posées en face, accompagnées d'un croissant de sable en chef et d'un plant de fraisiers portant fleurs et fruits au naturel, en pointe. (*Ar. du M.*) D'or au fraisier de sinople, fruité de gueules, au croissant de sable, accosté de 2 merlettes de même, en chef. (*Lambron.*)

GALLOYET de, Anne de la Bourdonnière, et Marguerite, demoiselle du Petit-Bois, au Temple, paroisse du Vendômois, 1675 :

GANTIER le.. éc., S. dudit lieu : tiercé en bande de sable, d'azur et d'or. (*Ar. ms.*) Armes d'office. Ce ne sont probablement pas celles adoptées par la famille.

GANTIERS de la ville de Vendôme, la communauté des Maîtres : tiercé en bande d'or, d'hermines et d'azur. (*Ar. ms.*)

GARDE de la, V. PELLIOT.

GAUDIN, S. de la Chenardière et de la Chapelle Saint-Remy, du Maine, famille existante, anoblie en 1676 : d'azur à 2 trèfles d'or, coupé d'or, à un trèfle d'azur. (*Sceau.*) V. CHENARDIÈRE,

GENNES de, ép. de le Royer, S. d'Authon : d'hermines à une face de gueules.

GEUFFRON de, Paul, éc., S. de Brezay, XVIe siècle. (*M. de Trémault.*) De Guïffron en Touraine : d'azur, au chevron accompagné en chef de 2 étoiles, et, en pointe, d'un trèfle, le tout d'or. (*M. Lambron.*)

GINESTOUS de, S. de fiefs à Chaslay, membre de l'assemblée de la noblesse du Vendômois, 1789. Ancienne famille noble du diocèse d'Alais, connue en 1181 ; avec titres de comte et de marquis. Armes : d'or au lion de gueules. Cimier : *un demi-sauvage, la massue haute.* Devise : *Stabit atque florebit.* (*La Ch.*)

GIRODEAU (Giraudeau ?) de Lanoue, 1698 : écartelé aux 1, et 4, de gueules à 2 lozanges d'argent ; au 2, d'azur à 2 lozanges d'argent ; et au 3, d'azur au lion d'or (*Ar. ms.*) Est - ce l'écusson de Girodeau ou celui de sa femme? Un membre de cette famille assista à l'assemblée de la noblesse du bailliage secondaire de Mondoubleau en 1789.

GODINEAU de VILLECHENAY, Maire de Vendôme, conseiller d'Etat, avant 1793 : de gueules à une fasce d'or chargée de 3 têtes et cols de coqs rangés de fasce, accompagnés en chef de 2 coqs d'argent, et, en pointe, d'un lion de même grimpant.

Ces armes sont gravées sur une pierre tombale dans l'église de Vendôme.

GOISLARD de VILLEBRESME, S. de Fougères, de Moreville, de Siche, à Chicheray, 1865 : d'or au dragon volant de gueules. (*La Ch.*) On trouve, en 1408, l'anoblissement d'un Jean de Villebresme, et, en 1465, celui d'un Mathieu de Villebresme.

GONTAUT de, V. MONTIGNAC.

GOUAST de, chev., S. du Puy d'Artigny, pour sa terre et fief de la Roche-Verman, à Sougé-sur-Loir, taxé au rôle de l'arrière-ban, 1675.

GOUPILLÈRE de la, à Saint-Agil, 1689 ; d'une ancienne famille de Beauce, depuis marquis de Dollon, au Maine : d'argent à 3 renards de gueules. (*Ar. du Maine.*) M. Adinan de Dollon, en Australie, unique représentant de cette maison.

GRANDIN, Jérôme, doyen de la collégiale de Saint-Georges de Vendôme et Protonotaire du Siége Apostolique, 1698 : d'azur à une fasce d'or accompagnée en chef de 3 étoiles d'argent, et, en pointe, d'une rose de même. (*Ar. ms.*)

GOURNY, Anne, veuve de René - Claude Vié ? éc., S. d'Orsonville : de gueules à une bande d'or, accompagnée de 6 merlettes de même, mises en orle, et une bordure engrelée d'argent. (*Ar. ms.*)

GRANDS JOURS DE VENDOME les : tiercé en bande d'or, d'hermines et de sable. (*Ar. ms.*)

GRANDVAL de, V. ENLART.

GRENIER A SEL de Vendôme : tiercé en bande, d'argent d'hermines et de sable. (*Ar. ms.*)

GUÉRITAUDE de la, branche de la maison de Maillé, qui a possédé Villeprouvaire.

GUERRY, Françoise, veuve de M. de Marescot, bienfaitrice, 1617, de la fabrique de Pezou. GUERRI, porte : d'azur, à 2 épées d'argent, garnies d'or, passées en sautoir, la pointe en haut, au chef d'argent chargé de 3 roses de gueules. (*Cauvin.*)

GUILLEBON de, famille noble sortie de Picardie : d'azur a la bande d'or accompagnée de 3 besans de même. (*Cauvin.*)

GUYOT de MANDAT, *alias* Mandot, S. des Pins, assista à l'assemblée de la noblesse du Vendômois, 1789 ; est-ce Guyot *ou* Guillot ?

HALLEY de, Gervais, S. de Baillou, de Pessouer, à cause de sa femme Marie de Baillou, rend aveu au S. de Mondoubleau, pour raison des terres, fiefs et sgries de Baillou et de la Fortinière, le 29 octobre 1464 : est-ce de Halley ou de Hallot? qui portait : d'argent à 2 faces de sable et 3 annelets de même, 2, 1.

HALLOT, de, V. de HALLEY.

HAUTEFEUILLE de, V. TEXIER.

HOSTUN d', V. TALLART.

HAUTEFORT de, V. MONTIGNAC.

D'HAUTEVILLE. Un gentilhomme de ce nom assista à l'assemblée de la noblesse du Vendômois, 1789. Il y a au Mans 2 familles du surnom de Hauteville : 1º la maison du Hardas, titrée marquis ; 2º celle de Renusson, passée en Touraine depuis quelques années.

HIBAUDIÈRE, le prieuré de la : tiercé en bande de sable, de vair et d'argent. (*Ar. ms.*)

HINGAIN, Elisabeth, veuve de Claude Bri, bailli de l'abbaye de Vendôme : d'or à 2 tourterelles affrontées d'azur, posées sur 2 branches de sycomore de même. (*Ar. ms.*)

HOTEL-DE-VILLE de Vendôme, le corps des officiers de l' : tiercé en bande d'argent, de sinople et de vair (*Ar. ms.*)

HUART, S. de la Potterie, éc., famille du Vendômois : de gueules à 3 chevrons d'argent. (*Ar. ms.*)

HUILLOME, François-René, S. de la Bergerie, md bourgeois de la ville de Vendôme: d'azur, à une ancre d'argent posée en pal, 2 avirons de sable posés en sautoir brochant sur le tout, et un chef de gueules chargé de 3 étoiles d'or. (*Ar. ms.*)

HUMIÈRES d', V. CREVANT.

HURAULT. Illustre maison du Blaisois; m. t., 1482. Elle a donné un chancelier de France, marquis de Cheverny. En 1625, marquis de Vibraye. Les sgrs de Saint-Denis, en Vendômois, 1789, étaient de cette maison, qui porte : d'or à la croix d'azur, cantonnée de 4 ombres de soleil de gueules. (*Ms.*)

ILLIERS de VENDOSME, d', maison sortie de celle de Vendosme par le mariage de Philippe de Vendôme, fils puîné du comte Bouchard, avec Yolande d'Illiers, qui stipula que son 2e fils serait tenu de relever la bannière, le nom et les armes d'Illiers, qui étaient: d'or à 6 annelets de gueules, 2, 3, 1. (*Ms.*)

D'ILLIEBS, 1789, du nom de Mirleau de Neuville des Radrets de Saint-Hery.

IRUMBERG, V. SALABERY.

JABRE, Conseiller et Procureur du roi en l'Hôtel-de-Ville de Vendôme, 1698 : d'argent, au chevron d'azur, sommé d'un croissant de même et accompagné en chef de 2 étoiles d'azur et, en pointe, d'une canette de même sur une onde aussi d'azur (*Ar. ms.*) Jabre Desbilles, sgr de fiefs à Danzé, assista à l'assemblée de la noblesse du Vendômois, en 1789.

JAI DE BELLEFOND le, assista à l'assemblée de la noblesse des bailliages du Vendômois, Mondoubleau et Saint-Calais, 1789. Les armes primitives de cette famille : d'or à 3 geais de sable, au chef d'azur. La branche de la Maisonrouge dont était l'intendant de Tours, 1661, portait : d'azur à l'aigle cantonnée de 4 aiglettes, regardant un soleil au canton dextre, le tout d'or. (*La Ch.*)

JOUFFREI de, ou de Jouffray. S. de fiefs à Trôo, 1789. Famille de Provence, m. t. à Tours, 1715 : d'azur, au croissant d'argent et un chef d'or chargé de 3 étoiles de sable. Supports : 2 lions d'or. (*Ar. d. M.*)

JOUY, comte de, V. ESCOUBLEAU.

JOUSSELIN de, Louis, S. de Fretté, 1698 : d'argent, au lion d'azur, accompagné en pointe de 2 fleurs de lys de même. (*Ar. ms.*) Jousselin de Fretté assista à l'assemblée de la noblesse du Vendômois, 1789.

JUGLART, S. de Rortre : d'argent, à la bande crénelée par le bas de 6 pièces d'or, accompagnée de 5 étoiles d'or, 3 en chef posées 2, 1, et une en pointe. Nous croyons cette famille éteinte. (*Ar. d. M.*)

JUPEAUX, de Taillevys de, lieutenant de vaisseau, major d'infanterie, assista à l'assemblée générale de la noblesse des bailliages de Vendôme, Mondoubleau et Saint-Calais, 1789. V. de TAILLEVYS.

JUPEAUX de, tiercé en bande, d'azur, de vair et d'argent. Armes données d'office par d'Hozier, en 1698.

JUSTON de, S. de Villeprouvaire, d'Asnières et des Tourelles, en Lunay, XIVᵉ siècle. Ancienne famille du Vendômois : de..... à la bande de...., accompagnée de 3 étoiles de....., 2, 1. (*M. de Trémault.*)

KEROENT de, Querhoent, S. de Montoire, Lunay, Montrouveau, Savigny-sur-Braye, Tréhet, Villavard, etc., marquis de Coetanfao, famille de Bretagne, que l'on croit descendue des de Kirwan, venus d'Irlande, dont ils n'ont pas les armes ; de Keroent : lozangé d'argent et de sable. Devise : *Sur mon honneur.* Les de Kirvan : au chevron de sable accompagné de 3 canettes de même en champ, d'argent.

KERVASEGAN, S. de Chemiron et de la Montilière, terres

s'tuées en Fortan et Chemillé, psse du Bas-Vendômois. (*Cauvin.*) Une croix de...., cantonnée de.....

LACROIX, V. VIMEUR.

LANCE, le prieuré de, tiercé en bande, d'hermines, d'or, d'azur. (*Ar.ms.*)

LANDES des, V. PETIT.

LANDES des, Mathieu, président aux Grands-Jours de Vendôme, 1690, ép. de Françoise Martin : d'azur à une lande ou arbre sans feuille, d'argent ; écartelé de gueules à une ruche d'or. (*Ar. ms.*)

LANGEAIS de, du nom de la Brosse, S. de Langeais, en Touraine. De Langeais, S. de Mondoubleau, au XIe siècle, était-il de cette famille ?

LAUGEOIS, ép. du maréchal Cotentin de Tourville : d'azur à une tour crénelée d'argent et maçonnée de sable, avec un chef d'hermines. (*Ar. ms.*)

LANGAN-DE-BOIS-FÉVRIER, chambellan du duc d'Anjou, en 1571, S. de Saint-Agil. Famille éteinte dans celle de Treton de Vaujuas, au Bas-Maine ; originaire de Bretagne : de sable au léopard couronné d'argent, armé et lampassé de gueules. (*Sceau.*)

LANGERON de, V. BOULT.

LAVARDIN. Bourg près Montoire, a donné son nom à une illustre famille dont était Johannes, mentionné avec sa sœur Richilde, comtesse de Vendôme, dans un titre du temps de Jean, comte de Vendôme, et de Girard, abbé de Vendôme. Armes : de gueules à 3 fleurs de lys d'or. (*Lambron.*)

LAVARDIN, en Vendômois. En 1480, Guy de Beaumanoir était S. de Lavardin et de Landemoine ; il avait épousé Jeanne d'Estouteville, durant la vie de laquelle il possédait 4 à 5,000 livres de rente. La maison de Beaumanoir est originaire de Bretagne, où elle était connue dès l'an 1202 : elle a donné un maréchal de France et plusieurs évêques. Eteinte en 1703. Lorsque les écussons étaient pointus par le bas, les Beaumanoir portaient 10 billettes, 4, 3, 2, 1 ; devenus chevaliers bannerets, ils ont porté leur écu en bannière, et 11 billettes, 4, 3, 4, ce qu'ils ont continué : d'azur à 11 billettes d'argent, 4, 3, 4. (*Ar. du M.*)

LAVAU de, en Vendômois, XIXe siècle. Delavau, en Touraine, 1789 : d'azur au lion rampant d'argent, accompagné de 3 gcrbes de blé d'or, liécs de gueules, posées 2 en chef, et 1 en pointe. (*Lambron.*)

LEBOYNDRE, le Boindre. Françoise, épouse d'André Arrondeau, XVIᵉ siècle, à Vendôme. Famille du Maine qui fut anoblie par ses charges de magistrature : de pourpre au chevron d'or accompagné, en chef, de 2 roses, et, en pointe, d'une pomme de pin, le tout d'or. (*Cauvin.*) Les archives de cette famille existent à la bibliothèque du Mans. V. ARRONDEAU.

LEBARILLET, S. d'Auvine et de Monthoudon, testa le 7 mai 1614. Le Barriller, en Bretagne : d'argent au chevron d'azur, accosté de 3 trèfles de sinople. (*La Ch.*)

LELIÈVRE, ou le Lieur, François, S. de la Voûte en Trôo, prêtre chanoine en église collégiale Saint-Martin de Trôo, 1698 : de gueules, au cor de chasse lié et virolé d'argent, enguiché d'azur, et un chef d'or chargé de 3 mouchetures d'hermines de sable, accoté à senestre d'une étoile à 6 rais d'argent. (*Ar. ms.*)

LIGNERIS des, en Vendômois, S. d'Azay, de Tachères, Chauvigny, etc. : de gueules fretté d'argent, au franc-quartier d'or chargé d'un lion de sable ; au lambel de 3 pendants d'azur. François de Ligneris, chev., vivait en 1389. (*La Ch.*)

LISCOUET du, Pierre, S. de Courgardy, à Vallennes, 1689, d'une famille de Bretagne : d'argent au chef de gueules chargé de 7 billettes d'argent, 4 et 3. (*La Ch.*)

LOGES des, anciens Sgrs de la Chapelle-Gaugain, Jacques, ép. de Catherine de Broc, XVᵉ siècle, eut son château confisqué par arrêt du parlement, après un long procès criminel, dont il n'attendit pas la fin. On a découvert dans une salle du château de la chapelle un squelette de femme avec 2 bagues, dont l'une avec les initiales C. d. B. Armes :

On trouve aussi un René des Loges, S. de Villemeslé, à Choue, en 1689.

LOMÉNIE de, comte de Montbron et de Brienne. Famille illustre qui a donné un cardinal. Antoine, fils de Martial de Loménie, était S. de La Ville-aux-Clercs : d'or à un arbre de sinople, avec un tourteau de sable sous la racine, au chef d'azur chargé de 3 lozanges d'argent. (*Ar. d. M.*) *Alias,* sans tourteau de sable. Famille anoblie en 1637.

LORME de, V. RENARD.

LOUVOIS de, avec titre de marquis, S. de la Garlière, en Savigné-sur-Braye, 1689, de la maison des le Tellier, marquis de Courtenvaux et de Souvré, au Maine : d'azur à 3 lézards d'argent posés en pal, au chef cousu'de gueules, chargé de 3 étoiles d'or. Devise : *melius frangi quam flecti*. (*Ms.*)

LOYNES D'AUTROCHE de, famille d'Orléans, répandue à Paris, Nantes et Châteaudun. Cette dernière branche posséda des biens dans le Vendômois. Titre de comte : d'azur au chevron d'argent et une fasce brochante gironnée d'or et d'azur, contre-gironnée d'azur et d'or, et, à la pointe de l'écu, 7 besans d'or, 4, 3, avecun chef de gueules. (*Sceau.*)

LUART, le Gras, S. du Luart, au Maine, avec titre de marquis, de 1700. Famille du Parlement de Paris. Le marquis du Luard assista à l'assemblée de la noblesse du bailliage de Mondoubleau, en 1789: d'azur à 3 rencontres de cerf d'or, 2, 1. Supports : 2 lions contournés. Devise: *Ne varietur*. (*Ar. d. M.*)

LUC du, S. de Villeminçon ou Villemisson, à Sougé, taxé au rôle de l'arrière-ban du Maine, 1675. Il y a, en Dauphiné, les Laire, barons du Luc : d'argent au lion de gueules, lampassé et armé de sable. (*Cauvin.*)

LUCÉ, Pineau baron de, au Maine, S. de Viennai, intendant du Hainault, puis de Tours, puis de Strasbourg, conseiller d'Etat, mort en 1764 ; S. de la Thierais, en Saint-Avit ; d'argent à 3 pommes de pin de sinople, 2, 1. Supports: 2 lévriers contournés colletés de.... Couronne de marquis. (*Sceau.*) Famille du Parlement ; se dit venue de Provence.

MABILIÈRE de la, V. CROSNEAU.

MAÇONS et Bouteilleurs de la ville de Vendôme, la communauté des maîtres : tiercé en bande d'or, de vair et de sable. (*Ar. ms.*)

MAGNY de, au château de la Thierais de 1804, en Saint-Avit ; était-il de la famille de Magny, Election de Falaise ? qui porte : d'azur au chevron d'argent, accompagné de 2 étoiles de même en chef, et d'un croissant d'argent en pointe.

MAIGRE le, dame de la Tabaise, en Baillou, 1689 : d'azur à un porc-épic d'or et un chef de gueules chargé de 3 étoiles aussi d'or ; accolé d'argent à une croix de sinople et un lion de sable brochant sur le tout. (*Ar. ms.*) V. de MAUROY.

MAILLÉ de, illustre maison de Touraine, où était la sgrie de Maillé, depuis Luynes. Une branche de cette famille prit par alliance, en 1474, les nom et armes des la Tour-Landry, comtes de Châteauroux. Elle porte : d'or à une fasce crénelée de gueules. Plusieurs autres branches. De celle de Bénehart était issu le gouverneur de Vendôme en 1589. Armes de Maillé : d'or à 3 fasces ondées de gueules. Devise : *Stetit unda fluens.*

Aujourd'hui la branche aînée de la maison de Maillé a pour chef le marquis de la Tour-Landry. La branche ducale (qui n'est que la 3e branche) a pour représentant Jacquelin, Armand-Charles, duc de Maillé. (*M. de Rochambeau.*)

MALESCOT de, Benoist, chev., S. de Cholé, 1698 : au 1, d'argent à une bande de gueules, coupé de sable et d'argent de 6 pièces ; au 2, d'argent, à une croix patée et alaisée de gueules. (*Ar. ms.*) On trouve en 1462 l'anoblissement de Jean Malescot.

MALHERBE de, S. de Poillé, à Marçon, S. d'Huchigny, près Vendôme. Ce gentilhomme était commandant du ban de Vendômois, le 17 novembre 1674. Il y a eu un gouverneur de Vendôme de ce nom. Cette maison, titrée comte, est très-ancienne et connue en Vendômois, où elle a possédé des fiefs et servi les comtes et ducs de Vendôme. M. de Malherbe nous a communiqué, avec beaucoup de complaisance, des documents inédits très-intéressants pour l'histoire du Vendômois ; nous l'en remercions ici. Armes : d'or, à 2 jumelles de gueules surmontées de 2 lions affrontés de même. (*Sceau.*)

MANDAT de, ou Mandot, V. Guyot.

MANGIN, ou Mengin, barons en Lorraine. Mangin, S. de Montmirail, et de Chalopain, fut membre de l'assemblée de la noblesse du bailliage de Mondoubleau, 1789 : d'azur à la fasce d'or, sommée d'un griffon issant de même. (*Ar. d. M.*)

MAR de, Jeanne, dame de Bénehart et de Ruillé-sur-Loir, vers 1450, mariée à Guillaume de Villiers, baron de Champagné.

MARANS, comtes de, XVIIe siècle, de la maison de Bueil. De Marans fut aussi un surnom de la famille de Vanssay, au Maine.

MARÉCHAUSSÉE de Vendôme : tiercé en bande, de sinople, d'or et d'azur. (*Ar. ms.*)

MARÉCHAUX de la ville de Vendôme, la communauté des : tiercé en bande d'argent, de gueules et d'or. (*Ar. ms.*)

MARESCOT de, S. de Souday, 1518-1586, etc., nom éteint : de gueules, à 3 faces d'argent, à un lion brochant sur le tout, et un chef de même chargé d'un aigle couronné de sable. (*de Saint-Paul*). Famille anoblie, en 1430, 1596, 1602. Elle se disait venue des Marescoli, de Boulogne, en Italie, dont, en effet, elle fut autorisée à prendre les armes, qui sont celles ci-dessus, sauf le chef.

MARIN de MONTMARIN, à Saint-Martin de Sargé, avec titre de marquis de la Chataigneraie, en Poitou. Cette famille a produit des conseillers au Parlement de Paris : d'azur, à la fasce d'or, accompagnée, en chef, de 3 croissants d'argent, et, en pointe, d'un coq becqué et membré de gueules. Devise : *Aspiciendo crescit.* (*Ar. du Maine.*) Alliée avec Colbert du Terron, au XVII⁰ siècle.

MARMOUTIERS, abbaye royale près de Tours. L'abbé présentait à plusieurs cures et prieurés du Vendômois : fascé d'argent et de gueules de 8 pièces. (*Ar. d. M. et Bulletin de 1865.*)

MARTIN de, Alexis-César, chev., S. de Sanière et du Plessis, 1698 : de gueules au lévrier contourné d'argent, marchant sur 2 gantelets en soie de même et tenant avec les 2 pattes de devant un casque d'argent, grillé d'or et doublé d'azur, au-dessous duquel est un pot en tête, d'argent. (*Ar. ms.*)

MARTONNE de. Famille originaire de Normandie. Titres : *comte* et *marquis.* Armes: d'azur à la croix d'or, cantonnée de 4 étoiles de même.

MATRAS, éc., S. du Brossier, conseiller-secrétaire du roi, décéda à Vendôme.

MAUDE de, auteur de cet armorial, à Paris, 1865 ; d'une très-ancienne famille patricienne du Hainaut ; ép. de Julie de Douhet de Monderand (d'Auvergne) : d'argent, au sautoir de sinople accompagné en pointe d'un croissant de même ; accolé d'un écartelé, aux 1, 4, d'une tour d'argent en champ d'azur ; aux 2 et 3, d'une licorne d'argent en champ de gueules. Couronne de marquis sur l'écu. Devise : *Sempre spero.* L'ancienne devise : *Maud',* qui veut dire : *chef, hardi.* — Alliances : de Wimpffen, de Boissac de Latour (Alsace), de Roisin (en Hainaut), de Bruchard, de la Pomélie (Limousin). (*Ar. du Mans.*)

MAUPERTUIS de, surnom du chevalier André de Fontenay, né à Vendôme, le 14 juillet 1774.

MAUROY, famille de Champagne. Angélique de Mauroy, veuve de Jean Lemaigre, conseiller du roi, receveur général des finances à Bordeaux, dame de la Tabaise en Baillou, 1689 : d'azur au chevron d'or, accompagné de 3 couronnes ducales de même. (*La Ch.*). V. Le MAIGRE.

MAUVOISIN-ROSNY de, S. de Mondoubleau, et de la baronnie de Fréteval, XIV⁰ siècle, fut prisonnier des Anglais au château de Courville : d'or à 3 bandes d'azur, à la bordure de gueules. (*Ar. d. Mans.*) *Aliàs,* d'or à 2 fasces de gueules. Famille de Normandie, m. t., 1668. V. FRÉTEVAL.

MECKENHEIM de, au château des Diorières. Famille originaire de l'électorat de Cologne : d'azur à 2 sceptres, fleurdelysés en leur pointe, et passifs en sautoir d'or.

MÉDECINS de la ville de Vendôme, la communauté des : tiercé en bande d'argent, d'hermines et d'azur. (*Ar. ms.*)

MENARD, médecin du roi, à Vendôme : tiercé en bande d'argent, d'azur et de sinople. (*Ar. ms.*)

MENUISIERS de la ville de Vendôme, la communauté des : tiercé en bande d'or, de sinople et d'argent. (*Ar. ms.*)

MEGRET de Belligny, et d'Etigny, en Guyenne, Vendômois et Normandie : d'azur à 3 besans d'argent, 2, 1, et un chef d'or, chargé d'une tête de lion arrachée de gueules. V. de BELLIGNY.

MERIE de la, du nom de Voré, 1789.

MESALANT de, Philippe, épouse de Jean de Vendôme en 1316 : de...., au lion rampant de.... (*Ms.*)

MESLIAN DE MOSLAND, S. de la Cuissardière, à Fontaine-Raoul, 1675. Blaise-Claude Meliand, éc., S. de Breviande, 1698 : d'azur à une croix d'or, cantonnée aux 1 et 4 d'un aigle éployé ; aux 2 et 3, d'une ruche, le tout d'or. (*Ar. ms.*)

MEZANGE de, S. de Souday, 1494-1518. De Mesange, en Normandie : d'azur à la bande d'argent, cotoyée de 2 étoiles de même. (*La Ch.*)

MESLAY de, V. BODINEAU.

MEZIÈRE de la, veuve, dame de fiefs à Montoire et à Lunay, 1789, nous paraît être de la maison de Taillevys.

MOINE le, S. de la Chaussée, chef du gobelet de S. A. R. Monsieur, 1698 : écartelé aux 1, 4, d'or à 3 roses de gueules boutonnées d'or ; aux 2, 3, d'azur à une tête de lévrier d'argent lampassée de gueules. (*Ar. ms.*)

MONDOUBLEAU, baronnie royale, acquise en 1406 par L. de Bourbon, comte de Vendôme. Henri IV vendit cette terre pour cent mille écus, en 1593, à François Escoubleau de Sourdis ; adjugée, en 1712, à N.. de La Ferté, conseiller au parlement. En 1752, propriété de la couronne. Elle devint l'apanage du comte de Provence. Les armes de la Baronnie étaient celles de ses différents seigneurs. V. TRIE, AMBOISE, CHATEAUDUN, La RIVIÈRE, de FLANDRES, CLERMONT, DREUX, ESCOUBLEAU, VENDOME.

MONDOUBLEAU, le Grenier à sel de, 1698 : de gueules à 3

fasces d'or. Les officiers de la maison de ville : d'argent, à une
fasce de sable, accompagnée de 3 roses de gueules, 2 en chef et
1 en pointe. Le grenier à sel de Mondoubleau dépendait de la di-
rection générale de Tours, et comprenait 28 paroisses. *Les officiers de la maison de ville*: d'argent à une face de sable, et 3
roses de gueules, 2, 1. (*Ar. ms.*)

MONDOUBLEAU, prieuré de, fondé en faveur de l'abbaye de
Saint-Vincent du Mans : d'azur, au rais d'escarboucle pommelé
et fleurdelisé d'or. (*Ar. ms.*)

MONDOUBLEAU, les avocats de : d'argent, à un Saint-Yves de
carnation, vêtu d'une robe de palais de sable. (*Ar. ms.*)

MONDOUBLEAU (la ville de): de gueules à un globe ou
monde d'argent. (*Ar. ms.*) Un sceau de 1326 donne une tour
sommée d'un dôme surmonté d'une croix.

MONDRAGON de, dame de Boulvère et Maisoncelle, 1789.
N'est-ce point Mondagron, des sgrs de Hires, au Maine ? qui portait, d'après *La Chenaye :* de gueules au lion d'or, écartelé d'or
au dragon ailé de gueules ; et d'après l'*ar. ms.* : d'or à 3 annelets
de sable, 2, 1.

MONTAIGU de, S, de fiefs à Montoire, 1789 ; était-il de la famille Hue de Montaigu, de Normandie ?

MONTBERON de, V. LOMENIE.

MONTBOISSIER de, S. de Bénehart, du chef de sa femme,
Anne-Marie-Geneviève de Maillé, 1711. Une des plus anciennes
maisons du royaume ; originaire d'Auvergne ; titrée comtes de
Beaufort et marquis de Canillac : d'or, semé de croix de sable
recroisetées, au pied fiché, au lion de sable sur le tout. (*La Ch.*)

MONTIGNAC, comte de, S. de Sougé, vers 1675 ; était de la
branche des marquis d'Hautefort, barons de la Flotte, de la maison de Gontaut, en Agenois : d'or à 3 forces de sable ; l'écu en
bannière. (*La Ch.*)

MONTDOUCET de, ou Mondoucet, gentilhomme verrier, à
Fontaine-Raoul, 1639 ; était-il de cette ancienne famille de
Beauce qui portait : d'argent à 3 fasces de gueules, chargées de 3
croisettes d'argent, et le champ aussi chargé de 4 croisettes de
gueules placées 2 entre chacune des fasces.

MONTIGNY de, officier du roi, 1689, à Mondoubleau. De
Montigny, aux Hayes, près de Montoire ; XIXe siècle ; avec titre
de marquis. Cette famille a donné un chevalier de Malte, en
1656 : échiqueté d'argent et d'azur, à la bande engreslée de gueules sur le tout. (*Ar. de Malte.*) Famille originaire de Champagne.

MONTLIBERT de, originaires du Dunois. La branche aînée, dont il ne reste que des filles, a sa résidence au Gault. La branche cadette habite à Lavaré (Sarthe), où elle était représentée par Paul-Louis-Anne, ancien garde-du-corps du roi Louis XVIII, lequel a laissé 2 fils et 2 filles vivants aujourd'hui : d'argent, à une fasce de gueules, accompagnée de 3 roses de même, 2, 1, l'écu timbré d'un casque de chevalier orné de ses lambrequins. (*Ar. du M.*)

MONTLUC, comte de, V. ESCOUBLEAU.

MONTOIRE, ancienne maison qui perpétua celle de Vendôme par le mariage de Pierre de Montoire avec Agnès de Vendôme, héritière de cette maison en 1216. Le sgr de Montoire portait bannière sous le règne de Philippe-Auguste.

MONTOIRE. Capitale du Bas-Vendômois, avec titre de comté, depuis marquisat. Cette terre faisait partie du duché de Vendôme, et revint au roi après le dernier duc de ce nom ; depuis acquise par Desnoyers, homme de fortune, natif de Blois, qui la vendit au duc de Tallard, duquel elle passa par acquisition à N... Tessier, depuis à la maison de Coetonfao, d'où elle tomba dans celle de Keroent, qui obtint du Conseil un arrêt par lequel cette terre de Montoire devait porter le nom de Keroent.

MONROGNON de SALVERT, à la Fredonnière. Noblesse venue d'Auvergne ; titre de comte : d'azur à la croix ancrée d'argent. (*Ar. du M.*)

MONTMARIN de, sgrie en Poitou, dont la famille Marin a pris le nom, et l'a donné au château de Montmarin en Sargé. V. MARIN.

MONTMOREAU de, S. d'Alleray, 1691 ?

MOQUET. V. REMÉON.

MORILLON, Pierre, conseiller du roi, dans l'élection de Vendôme, 1698 : d'or au casque de sable. (*Ar. ms.*)

MORNAY de, abbé de Vendôme. Famille du Berri, avec titre de comte : burelé d'argent et de gueules, au lion de sable couronné d'or (*Ar. d. M.*)

MORIN, lieutenant et Maire de Vendôme, 1698 : tiercé en bande de gueules, de vair et d'argent. (*Ar. ms.*) Armes d'office.

MOTTE de Bezay de la, de la famille Gallois.

MOTTE de la, du nom de Fontenay.

MOULIN du, V. SAVARRE.

MUR du, Pierre, conseiller du roi, grènetier au grenier à sel

de Vendôme : tiercé en bande, d'azur, d'or et de vair. (*Ar. ms.*)
Armes données d'office.

MUSNIER DE NANTOUILLET, le, Jacques-François, chev.,
S. de la Jousselinière, de la Salle-du-Vieux-Pont, maison située
rue Poterie, à Vendôme, XVIIe siècle : d'azur au chevron d'or,
accompagné de 3 meusniers d'argent. (*Ar. du M.*) Le Musnier,
conseiller au Parlement de Paris, de 1645, portait 3 poissons au
lieu de meuniers. (*M. d. r.*)

MUSSET de, S. de la Bonnaventure. Famille titrée marquis de
Cogners, au Maine. En 1800, le marquis de Musset devint propriétaire de la terre d'Huchigny, du chef de sa femme, Marie de
Malherbe ; il était né à Mazangé, en 1753, mort en 1839. Littérateur, antiquaire, historien, agronome. Armes : d'azur à l'éper-
vier d'or, chaperonné, longé et perché de gueules. (*Cauvin.*)

NADAILLAC, Pouget de, à Rougemont en Vendômois, avec
titre de marquis ; vicomtes de Monteil ; barons de Saint-Pardoux,
vers 1740, du chef de Françoise de Douhet : d'or au chevron
d'azur accompagné en pointe d'un mont à 6 copeaux de sinople.
Famille venue du Quercy en Vendômois. (*La Ch.*)

NAIN le, Etienne, éc., S. de la Varenne. 1698 : échiqueté d'or
et d'azur. (*Ar. ms.*) Famille anoblie, en 1590, par une charge
de Secrétaire du roi, à Tours.

NAU, S. de Choue et d'Azeray, conseiller au Parlement, vers
1665. Il y a une famille Nau, S. de Lestang, en Anjou, qui porte :
de gueules à la gerbe d'or, soutenue de 2 lionceaux affrontés de
même. Nau, en Bretagne, et Neau, au Bas-Maine, ont d'autres
armes : NAU, S. de la Boisselière, en Touraine, anoblie en 1605 :
d'argent, à la rose de gueules.

NEILZ, André, S. de Bréviande, conseiller du roi, maire per-
pétuel de la ville de Montoire, Juge ordinaire civil et criminel et
de Police au Bas-Vendômois : d'azur, à une fasce chargée de 3
têtes d'aigle arrachées de sable, accompagnées, en chef, de 2
coqs, affrontés d'or et en pointe d'un lion de même. (*Ar. ms.*)

NEVEU de, (ou Nepveu) au Maine ? assista à l'assemblée de la
noblesse du Vendômois, en 1789 : d'azur, à 3 besans d'or, chargés
chacun d'une croix de sable, 2, 1. (*Le Paige.*)

NONANT, le Conte de, mestre de camp de cavalerie, chevalier
de Saint-Louis, mort en 1804, ép. de N... de Durcet, baronne de
Poucé. Illustre maison de Normandie, avec titre de marquis.
Elle possède la terre de Poncé depuis 1792 : d'azur, au chevron

d'argent, accompagné en pointe de 3 besans d'or, 1, 2. (*Du Prat.*)

NOYERS, marquis de, titre de la maison de Sublet.

ORATOIRE DE JÉSUS, de Vendôme, la congrégation de l', 1698 : d'azur avec ces mots : *Jesus Maria*, d'or, écrits l'un sur l'autre, avec une bordure d'argent, chargée d'une couronne d'épines de sinople, et cette inscription autour : *Sigillum* Oratory, *Dn. N. Jesu. C. Domus vindocinensis.* (*Ar. ms.*)

PANOUZE de la, à la Ville aux-Clercs, XIXᵉ siècle. De la Panouze, noblesse de Rouergue : d'argent à 6 cotices de gueules. Tenants : 2 anges. (*Ar. d. M.*)

PASQUIER, barons de Coulans, au Maine, S. de la Thierrais, en Saint-Avit, fin du XVIIIᵉ siècle. Famille illustrée par le chancelier, depuis duc Pasquier, qui a substitué ses titre et nom à M. d'Audiffret : de gueules, au chevron d'or, accompagné en chef de 2 croissants montant d'argent, et, en pointe, une tête de licorne aussi d'argent. (*Cauvin.*)

PATAY de, S. de fiefs à Lunay, 1787 ; d'une famille noble de Beauce, passée en Lorraine : d'hermines à un écu en abîme de gueules. (*La Ch.*)

PELLERIN de GAUVILLE, le, devint, en 1740, propriétaire du marquisat de la Chartre-sur-Loir, par le don que lui fit de cette terre Catherine de Courtoux, sa tante, veuve de Nicolas ROBERT, marquis de La Chartre. Famille anoblie, à Bayeux, en 1389. Armes : d'or, au chevron échiqueté de gueules et d'argent de 3 traits au chef de sable chargé de 3 coquilles d'or. (*Pr. de Malte.*)

PELLIOT DE LA GARDE, François, éc., gentilhomme de S. A. R. Monsieur, 1698 : d'azur, à un bras d'argent tenant un lys de même en pal, accompagné en chef de 2 étoiles d'or et aux flancs de 2 trèfles de même. (*Ar. ms.*)

PERIGNY de, V. du PLESSIS et TAILLEVYS.

PERRAULT ou Perrot, S. de Glatigny en Souday, 1675. Le Président Perrault, baron de Montmirail, 1658 : d'azur, à la croix à double traverse d'or, élevée sur 3 annelets de même, parti d'azur à 3 bandes d'or. Cette famille était de Bretagne et Maine, où elle portait : de gueules, à 3 têtes de bélier d'or, 2, 1. Une branche, passée en Bourgogne, a formé la branche de Jotemps, qui s'arme comme le S. de Glatigny.

PETIT DE BROCEY, originaire du Vendômois : d'azur au lion d'or. (*La Ch.*)

PETIT ou LE PETIT, S. du Petit-Hostel en St-Cyr de Sargé, au XVIIIᵉ siècle : d'azur, au chevron d'or, accompagné en chef de 2 trèfles d'argent, et en pointe d'une molette de même. (*Ar. ms.*) M. t. 1706.

PETIT-HOSTEL, le S. du, à St-Cyr de Sargé, 1689, de la maison de Coutance.

PETIT des LANDES, S. des Landes, en Lunai ; ancienne noblesse, originaire du Vendômois, attachée au service des comtes et du premier duc de Vendôme, et depuis a donné des Correcteurs à la chambre des comptes : d'azur, à 3 coquilles oreillées d'or, 2, 1. (*La Ch.*)

PHILLEMIN, famille du Vendômois. N... de Phillemin se fit représenter à l'assemblée de la noblesse du Maine, 1789. m. t. 1698.

PICHER de, Louise, veuve de Menou, S. de Turbilly : d'argent à 3 pichers ou pintes de sable, 2, 1. (*Ar. ms.*)

PIERRE de la, V. la VOVE.

PIERRES des. La veuve Félix des Pierres, éc., S. des Matras, à la Chapelle-Vicomtesse, fut taxée au rôle de l'arrière-ban du Maine, 1675. Plusieurs familles de ce nom en Normandie.

PILLE de, à Mondoubleau, 1675, officier du gobelet du roi : de gueules au chevron d'or accompagné en chef de 2 croissants d'argent et en pointe d'un globe cintré d'or. (*Ar. ms.*) De Pille, bienfaiteur de l'hospice de Mondoubleau, en 1749.

PLACEAU, officier du roi, à St-Cyr de Sargé, taxé au rôle de l'arrière-ban du Maine, 1675.

PLESSIS-LIANCOURT. Maison éteinte dans celle de la Rochefoucault ; originaire du Vendômois. Elle a formé les branches de la Perrine, de la Savonnière, de Perigny, de Liancourt ducs de la Roche-Guyon : écartelé aux 1, 4, d'argent à la croix engreslée de gueules ; aux 2, 3, de Pons qui est d'argent à la face coticée d'or et de gueules. (*La Ch.*)

PLESSIS de PERIGNY, du ; des du Plessis de l'Isle, au Maine : d'argent, à une croix engreslée de gueules chargée de 5 coquilles d'or. (*Ar. ms.*)

POILLÉ de, V. MALHERBE.

POITRAS, Jacques, Conseiller du roi, Receveur des consignations au Bailliage de Vendôme, 1698 : d'argent, au lion d'azur. (*Ar. ms.*)

PONCÉ, anciens sgrs de Poncé. On trouve des sgrs de Poncé (est-ce l'ancienne famille ?) sgrs de Cherippeau, la Beuvrière, la

Talonière et de Pommerieux. Perotte de Poncé épousa à Craon, en 1500, René de Juigné ; elle portait : d'argent, à 3 merlettes de sable. (*Ar. d. M.*)

PONCÉ, sgrie sur le Loir ; autrefois 1re Châtellenie de la Baronnie de Lavardin, puis la 4e baronnie du Vendômois. Elle a donné son nom à une ancienne famille. Richel de Lavardin était dame de Poncé, en 1165. Depuis, cette sgrie a passé à la maison des comtes de Vendôme et en celles de Courtremblay, de Chambray, 1446-1461 ; de Thiville jusqu'en 1682 ; de Coigne comtes de Bapaume, 1761 ; de Durcet jusqu'en 1792 ; et, depuis, aux de Nonant de Raray. Les armes de cette sgrie ont été celles de ses différents seigneurs. (*Mis du Prat.*)

POPLINIÈRE de la, V. DARROT et LE RICHE.

POPLINIÈRE, la sgrie de la, en St-Cyr de Sargé, était à la maison de Montmarin au XVIIIe siècle.

PORTAIL, S. d'APREMONT, du, Pierre, 1698 : d'or, à une fasce d'azur chargée de 3 têtes de léopard d'argent bordées et lampassées de gueules. (*Ar. ms.*)

POUGET, V. NADAILLAC.

POULARD DU BOIL, propriétaire dans la commune du Plessis-Dorin, XIXe siècle. Cette famille posséda les sgries du Boil, de Cellé, de Champ en Montmirail et Melleray : de gueules, à l'épi d'or, et au chef d'azur, chargé d'un croissant d'argent. (*Sceau.*)

PRAT du, avec titre de marquis. Maison d'Auvergne, passée au Maine, et depuis en Vendômois, où elle s'est alliée avec les de Nonant. La marquise du Prat a laissé des mémoires intéressants. M. le marquis du Prat, chef de nom et armes de la maison, écrivain distingué, a une terre près de Poncé : d'or, à la face de sable, accompagnée de 3 trèfles de sinople, 2 en chef, et un en pointe. (*Sceau.*)

PREAUX de, avec titre de marquis. Le château de Preaux, qui est le berceau de cette maison, est situé près Châtillon-sur-Indre. Le marquis de Preaux, Praulx, habite Pouancé en Anjou. Le marquis de Preaux fut gouverneur de Vendôme et Vendômois le 17 août 1626 : de gueules, au lion d'argent couronné d'or, et un chef d'argent vivré de sable. (*Ar. du Maine.*)

PREUILLY-VENDOME. La baronnie de Preuilly est en Touraine. César de Vendôme la vendit à Louis de Crévant.

PRÉVOST le, éc., S. de Cocherel : tiercé en bande d'azur, d'hermines et de gueules. (*Ar.ms.*) Armes données d'office.

PROCUREURS de la ville de Vendôme, la communauté des : tiercé en bande d'argent, de sable et d'hermines. (*Ar. ms.*)

PRUDHOMME DE LA BOUSSINIÈRE, à Bénehart, XIXᵉ siècle. Charles Prudhomme de Meslay, Contrôleur des guerres, en Touraine, fut anobli en janvier 1655. Il épousa Geneviève Desportes, d'où il eut Guillaume, mari de Louise de Champagné, d'où Guillaume-François Prudhomme de Meslay, S. de Bois-Vallée, vivant en 1698. De cette famille étaient à cette époque : Jean-Etienne, à Fyé, François à St-Cyr en Pail ; et l'évêque du Mans en 1791. Les armes de Prudhomme-de-Meslay : d'azur, à 2 épées en sautoir d'argent, les gardes d'or, au chef d'argent chargé de 3 merlettes de sable. (*Lettres d'anobl.*) L'*Armorial général* donne : les épées d'or, accompagnées de 3 molettes de même, 2 en flanc et 1 en pointe. Les armoiries peintes des échevins du Mans représentent les épées d'argent et 3 merlettes de sable en chef, pour Prudhomme de la Boussinière.

Prudhomme, S. de Paufou, général de Normandie, fut anobli en 1526, avec d'autres armes.

PRUNELÉ de, en Vendômois, XIXᵉ siècle. Très-ancienne noblesse de Beauce : de gueules à 6 annelets d'or, 3, 2, 1 ; l'écu en bannière. Devise : *Frœni nescia virtus*. (*La Ch.*)

QUELIN, ou Quelain, baillis de Mondoubleau, d'une famille originaire de La Ferté-Bernard, et qui a donné des conseillers au Parlement : d'azur, au chevron d'or, accompagné en chef de 2 étoiles de même, et, en pointe, d'une pomme de pin aussi d'or. (*Ar. ms.*) Chevron d'argent. (*Epith. de Paris.*)

QUINEMONT de, avec titre de marquis, Sgr de fiefs à Saint-Martin-du-Bois, 1789 ; à Vendôme, XIXᵉ siècle. Famille de Touraine, m. t., 1669, 1715 : d'azur au chevron d'argent accompagné de 3 fleurs de lys d'or, les pieds coupés, et posés 2 en chef et 1 en pointe. (*La Ch.*)

RACINE, au bailliage de Mondoubleau, après 1750 ; de la famille du grand Racine. Racine, conseiller au Parlement de Paris, de 1641 : d'azur, au chevron d'or, accompagné en chef de 2 étoiles, et à la pointe d'un lion grimpant d'or. (*M. d. r.*)

RADRETS, les sgrs des, en St-Cyr de Sargé, étaient de la maison d'Illiers, depuis le XIIIᵉ siècle ; et de celle Darrot, 1645-70. Les Radrets s'appelaient la Berruère avant 1645, et plus anciennement Tenay. V. la BERRUÈRE.

RAMBOURG, demoiselle de, bienfaitrice de l'hospice de Mondoubleau, 1682 ; de Rambourg, officier du roi, 1698 : d'argent fascé de gueules. (*Ar. ms.*)

RARAY, marquis de, de la maison le Conte-de-Nonant.

RASTIGNAC, le Chapt de, 43º abbé de Vendôme, 1727. Maison illustre, originaire d'Auvergne : d'azur, au lion couronné d'or; et, d'après la Chenaye, au lion d'argent, lampassé et couronné d'or. Titre de marquis.

RAVEYNIER de, Jean, éc., S. des Belles-Euvries, 1557. (*M. Bouchet.*)

REFUGE, S. de La Chartre, maison originaire de Bretagne : d'argent à 2 fasces de gueules, à 2 serpents d'azur en pal, affrontés et lampassés de gueules brochant sur le tout. (*La Ch.*).

RÉMEON de MOQUET, en Vendômois et Condomois; m. t., à Orléans, en 1699 : d'or à un chevron de gueules, accompagné en chef de 2 étoiles d'azur, et, en pointe, d'un pin de sinople, sur une terrasse de même, mouvante de la pointe de l'écu. Claude-Michel de Rémeon, IIe du nom, chev., S. de Moquet, capitaine de cavalerie, chev. de Saint-Louis, ép. 1º de Marie-Anne de Rancher ; 2º d'Elisabeth-Marie de Fontenay (du Perche), était né à Vendôme le 20 mai 1719, et décédé le 17 mai 1798 sans postérité. (*Généal. de Fontenay.*)

RENARD, Laurent, de, chev., 1698, à Espire, S. de Courtamblé : d'azur, à 3 renards passant d'or. (*Ar. ms.*)

RENARD de LORME. La veuve Renard de Lorme, vivant, pâtissier du Roi, à St-Martin de Sargé, fut taxée au rôle de l'arrière-ban du Maine, 1675. De Renard, éc., fonda le couvent des Camaldules à Bessé, en 1559.

RENIER du, ou du Raignier, S. de Boisseleau, originaires du Piémont. Une branche s'établit en Vendômois, dont était Alexandre du Renier, brigadier d'infanterie, en 1691 : d'or, chappé d'azur, la chappe chargée en chef de 2 étoiles d'or. (*Ar. d. M.*)

RICHE DE VANDY, LE, et Le Riche de Cheveigné, dames de Bénehart, 1789. Le Riche, S. de la Pouplinière et de Cheveigné, XVIIIe siècle : de gueules, au coq porté sur une chaîne, adextré en chef d'une étoile, le tout d'or. (*Ar. ms.*)

RIVIÈRE de la, sgrs et barons de Mondoubleau, 1402, du chef de sa femme Blanche de Trie, mort en 1442 ; d'une illustre maison connue dès le XIIe siècle, originaire du Nivernais. D'après *la Chenaye :* de sable à la bande d'argent. D'après M. *de Saint-Paul*, dans son *Histoire de Mondoubleau :* d'argent à 3 annelets de sable, 2, 1. Le sceau de son père était chargé d'une bande.

ROBERT de COURTOUX, V. COURTOUX.

ROCHAMBEAU de, V. VIMEUR.

ROCHE-BOUSSEAU, FESQUES de la, S. des Essarts, de Sougé-sur-Loir, psse du Bas-Vendômois, de la Flotte et de Lavenay. Famille éteinte dans la descendance directe : d'or à l'aigle éployée de gueules au vol abaissé. (*Cauvin.*)

ROCHEFORT de, V. ROHAN.

ROCHEFOUCAULT de la, titré vicomte, à la Gaudinière, XIXe siècle. Une des plus illustres maisons de France, originaire de l'Angoumois : burelé d'argent et d'azur à 3 chevrons de gueules sur le tout. (*La Ch.*)

ROCHES des, châtellenie au nord de Poncé. Des Roches en Anjou ou Vendômois : d'argent à la bande fuselée de gueules. *Aliàs*, de 10 pièces. Un Jean des Roches (de cette maison) fut témoin de la fondation de l'abbaye de Vendôme en 1040. Guillaume des Roches, sénéchal d'Anjou, s'armait comme ci-dessus. (*Ms.*)

ROCHE-TURPIN le, en Vendômois. Cette sgrie a suivi la fortune de la baronnie de la Flotte.

ROCHEUX, les sgrs de, en Mondoubleau, pendant les guerres de la Fronde, étaient de la maison de Villiers.

ROHAN de, François, 41e abbé de Vendôme, 1659, comte de Rochefort : de gueules à 9 macles d'or, 3, 3, 3. (*Ar. du Maine.*) Illustre famille de Bretagne.

ROMILLY de, nom de Sublet, au XVIIe siècle.

RONSSART, S. de Glatigny, de la Poissonnière, de la Lunotrie, baron de Fleurigny. Ancienne noblesse du Vendômois, dont était le poëte de ce nom, et qui portait : de sable à 3 poissons d'argent mis en fasce l'un sur l'autre. — Louis fut reçu chevalier de Malte en 1611. Il était fils de Gilles Ronssard, chevalier de l'ordre du roi, et descendait au 7e degré de Guilllaume Ronssard de la Poissonnière. Transaction passée le 4 juillet 1347 entre Gervais et André de Ronssart. Autre transaction passée à Vendôme, 1534, entre M. Loys de Ronssart et M. Jehan de Ronssart, protonotaire du saint Siège.

ROQUEFORT DE LA MAISON BLANCHE, dans le pays de Mondoubleau. (*M. de St-Paul.*)

ROSNY de, V. MAUVOISIN.

ROSTAING de. Le dernier du nom était sgr de Lavardin, en 1670. D'azur à la rose d'or surmontée d'une fasce ou triangle aussi d'or. Maison du Forez éteinte, d'après *La Chenaye des Bois*. On traite cependant un marquis de Rostaing membre de l'assemblée de la noblesse de l'Orléanais, en 1789. Alliée avec la famille de Trémault.

ROUAUDIÈRES des, ou des Rouhaudières, 1698, élection de Château-du-Loir : losangé d'or et d'azur. (*Ar. ms.*) V. EDME.

ROUGÉ de, Catherine, fille du marquis de Plessis-Bellière, ép. de Jean-Sébastien de Keroent, marquis de Montoire : d'argent à la croix pattée de gueules. (*Cauvin.*)

ROUSSEAU, messire, Gabriel, procureur fiscal de la baronnie de Mondoubleau, 1698, S. de la Ralluère : de gueules, à une étoile à 8 rais d'argent, au chef de même, chargé d'une aigle de sable. (*Ar. ms.*)

ROYER LE, Pierre, 49e évêque du Mans, mort en 1295, fils de Jean le Royer, garde des sceaux des contrats, à Trôo.

ROYER le, S. d'Authon : de gueules à l'aigle d'or armé, membré et couronné d'argent.

RUE DU CAN de la, à Saint-Amand, membre du conseil général, 1864. De la Rue du Can, baron de Champchevrier, comparut à l'assemblée de la noblesse de Touraine, 1789 : d'azur, au chevron d'or, accompagné en chef de 2 roses d'argent et d'un chevreuil courant de même, en pointe. (*Lambron.*)

SAIN du, Dusain, à Beauchêne-les-Matras, St-Agil et Boursé, 1689. Plusieurs familles de ce nom. Il y a aussi les de Sain de Bois-le-Comte.

SAINT-AGIL, les sgrs de, étaient de la famille Angran, qui préféra à ce nom celui de sa sgrie d'Alleray.

SAINT-CALAIS, l'abbaye de, possédait, en 1409, les *maisons neuves* de Baillou, avec leurs appartenances et dépendances. Ses armes : d'or, à une croix de gueules. (*Ar. ms.*)

SAINT-CHAMAND de, sgr de Villetrun. Famille du Limousin : de sinople, à 2 faces d'argent, au chef crénelé de même. (*La Ch.*) *Alias*, un comble dentelé de même. Le sgr de Villetrun assista à l'assemblée de la noblesse de Vendôme, en 1787. Titre de comte.

SAINT-CHARTIER, la dame de, dame de Chauvigny, 1689. Etait-elle de la maison de Bouteiller de Senlis, S. de Saint-Chartier? qui s'armait d'un écartelé d'or et de gueules, brisé d'un lambel de 3 pendants.

SAINT-CYERGUE, baron de, V. BOHYERS.

SAINT-CYR-DE-SARGÉ, prieuré de : de gueules à un croissant d'argent. (*Ar. ms.*) Prieuré établi en faveur de l'abbaye de Saint-Denys-en-France.

SAINT-DENIS, comtes et marquis de, sgrs de fiefs à Selommes, 1787, étaient de la maison Hurault de Vibraye.

SAINT-GEORGES-DES-BOIS (communauté des Religieux de), ordre de Prémontré : tiercé en bande d'argent, de vair et d'or. L'office du prieur de cette abbaye : tiercé en bande de sable, de vair et d'argent. — Observ. Ces armoiries sont probablement celles données par d'Hozier, en 1698. L'abbaye devait en avoir d'autres. (*Ar. ms.*)

SAINT-GEORGES, église, V. CHAPITRE.

SAINT-HILAIRE, les sgrs de, de la maison de Courtarvel, en 1651.

SAINT-MARTIN de La Verdin, le Prieuré de : tiercé en bande de sable, de vair et de gueules. (*Ar ms.*)

SAINT-MARTIN de Trôo, le Chapitre de, V. CHAPITRE.

SAINT-GEORGES de Vendôme, le Chapitre de, V. CHAPITRE.

SAINT-SAUVEUR DE L'ETOILE, le couvent de religieux de, 1698 : d'azur, à 3 fleurs de lys d'or, 2, 1, accompagnées en chef d'une étoile de même, et une bande de gueules brochant sur le tout, chargée de 3 lionceaux d'or. (*Ar. ms.*)

SAINT-PAUL de, V. BEAUVAIS.

SAINT-REMI, les marquis de, sgrs de Lierville et de Boursay, de la maison de Courtarvel.

SAINT-VENANT de, en Vendômois, XIXe siècle, famille originaire du Beauvaisis. (?)

SALABERY, sgr de Pezay, Fossé, etc. Famille du Parlement de Paris, originaire d'Espagne, où elle portait le nom d'Yrumbery. Branche en Vendômois. — Salaberry, Conseiller au Parlement, 1698 : d'or, au lion de gueules, coupé d'or, à 2 vaches passantes l'une sur l'autre, parti de gueules, à une croix pometée d'argent, et une bordure d'azur chargée de 8 sautoirs d'or. (*Ar. ms.*)

SALIES, Anouilh de. Famille originaire du Comté de Foix : d'argent, à un bœuf de gueules et un chef d'azur.

SALMON, en Vendômois, S. de Loiré, de la Brosse, du Chastellier et de Courtemblay, du Lehon, de Marçon, des Roches, d'Auvines, la Roussardière. N. Salmon de la Brosse était l'un des

12 gardes-du-corps de la manche des rois Louis XVIII et Charles X, compagnie d'Avray ; le comte du Chastellier, évêque d'Evreux, était pair de France, 1823 : d'azur, au chevron d'or, accompagné de 3 têtes de lion de même, arrachées et languées de gueules, 2 en chef, et 1 en pointe. (*Ar. d. M.*)

SANGUIN, 34e abbé de Vendôme, cardinal de Meudon. Famille de Paris, éteinte en 1590 ; anoblie en 1400 : d'argent à la croix endentée de sable, cantonnée de 4 merlettes de même *(M. d. R.)*; *alias*, de 4 molettes.

SANLOT de, S. du Grand-Fontenailles, membre de l'assemblée de la noblesse du Vendômois, 1789.

SARRAZIN de, ancienne noblesse d'Auvergne, passée en Vendômois en 1773, où elle possédait les sgries de Bezay et de Bromplessé, par alliance avec la famille le Gallois : d'argent, à une bande de gueules chargée de 3 coquilles d'or. *Cimier :* un Sarrasin vêtu d'une tunique, de gueules à hiéroglyphes de sable. *Supports :* 2 sauvages appuyés sur leurs massues. *Cri de guerre :* La Jugie. *Devise :* Deo et Sancto Petro. — Cette famille a titre de Comte. Elle a donné un lieutenant des maréchaux de France à Vendôme, 1775, un député de la noblesse du Vendômois aux Etats généraux de 1789, un général des armées vendéennes, un lieutenant-colonel d'infanterie de la garde royale, démissionnaire en 1830, 2 chevaliers de la Légion d'honneur, et un littérateur.

SAVARRE DU MOULIN, en Vendômois, originaire de Touraine, anoblie en 1610 : d'azur, au chevron d'argent, accompagné de 3 trèfles d'or, 2, 1. (*Ar. d. M.*)

SAINT-HERY de, veuve, 1789, du nom de Mirleau. V. ILLIERS.

SCOT DE COULANGES, d'argent, à une bande de sable, chargée d'une étoile d'argent entre deux croissants de même. *(Ar. m.)*

SELLIERS et BOURRELIERS de la ville de Vendôme, la Communauté des maîtres : tiercé en bande, d'argent, d'or, et de sinople. (*Ar. ms.)*

SERGENTS et HUISSIERS de Vendôme, la Communauté des : tiercé en bande, d'argent, de vair et de gueules. (*Ar. m.*)

SERIGNAC de, Sr de fiefs à Savigny, membre de l'assemblée de la noblesse du Ve dômois, 1789. Est-ce de Serillac, de la maison de Faudoas, au Maine ?

SERRURIERS et ARQUEBUSIERS de la ville de Vendôme, la communauté des : tiercé en bande d'or, de sable et d'azur. (*Ar. ms.*)

SERVIN, S. de Pidoche (?), en Vendômois. Famille de robe qui a donné un avocat célèbre au Parlement de Paris ; titrée Comté de la Grève, au Perche, près des sources de la Braye : d'argent, à l'aigle éployée de sable. (La Ch.)

SIGNAC de, de là maison des mis de Musset.

SIROT de, éc. à Choue, vers 1650. Armes...

SOCIÉTÉ ARCÉOHLOGIQUE du Vendômois. Elle a adopté pour symbole les armes des anciens Comtes de Vendôme, qu'elle surmonte d'une couronne murale, l'écu posé entre 2 branches de chêne croisées et liées par le bas.

SOUDAY de, Guillaume, Guillelmus DE SOLDAIO, de Souday, S. de Glatigny, 1269 : De Souday, au Maine : de sinople, au sautoir d'or. Depuis, la sgrie de Souday appartint à la maison de Vendosmois. Le Prieuré, fondé en 1070, par Achard, S. de Souday, avait les mêmes armes. (Ar. ms.)

SOULAIRE, Grosbois de, à Paris ; famille originaire du Blaisois, passée à Saint-Calais, depuis à Trôo, où elle possédait le Louvre : d'azur, à une coquille d'argent, accompagnée de 3 besans de mêue, rangés en chef, et soutenue, en pointe, d'un triangle vuidé de sable, en formant un croissant d'argent. (Sceau.)

SOURDIS de, V. d'ESCOUBLEAU.

SOURCHES de, V. du BOUSCHET.

SOURS et ARVILLE, le Commandeur de, de l'ordre de Malte, était présentateur à la cure du Temple : de gueules, à la croix patée d'argent. (Ar. d. M.)

SPIFAME, famille du Parlement de Paris venue d'Italie, dont un évêque de Nevers, en 1547 : Madeleine a épousé, en deuxièmes noces, le sgr de la Curée, en Vendômois : de gueules, à l'aigle éployée d'argent. (M. d. R.)

SUBLET, Michel, S. d'Heudicourt, fut anobli pour services militaires, en 1574 : d'azur, au pal crenelé d'argent, chargé d'une vergette d'or. — Jean Sublet, S. de la Guilhonnière, fut anobli, en 1578, pour services militaires en Italie: d'azur, au pal crenelé de 3 pièces d'or, chargé d'une vergette de sable. Cette famille, originaire de Blois, a donné le 40e abbé de Vendôme, issu des S. de Romilly sortis d'Heudicourt. (Lettres d'anoblissement.) Titres de Bons de Dangu et de Mis de Noyers.

SUZE, marquis de la, V. CHAMILLART.

TAFFU, Gilles, S. de la Vacherie, XVIe siècle: de.... à 1 fasce accompagnée de 3 roses. (M. Bouchet.)

TAILLANDIERS de la ville de Vendôme, la Communauté des : tiercé en bande d'argent, d'azur et de gueules. (*Ar. m.*)

TAILLEURS D'HABITS de la ville de Vendôme, la Communauté des : tiercé en bande d'or, d'hermines et d'argent. (*Ar. m.*)

TAILLEVYS de, Raphael, S. de la Mezière, médecin du duc de Vendômois, fut anobli en 1553, m. t., 1703. Charles-Léon de Taillevys, m^{is} de Perigny, colonel d'infanterie, etc., S. de Jupeaux, la Hatris, la Perrine, etc., fut membre de l'assemblée de la noblesse de Touraine, en 1789 : d'azur, au lion d'or, tenant une grappe de raisin de même. (*Ar. de M.*)

TALLART de, duc d'Hostun, marquis de la Baume, en Dauphiné. Le duc de Tallard devint sgr. de Montoire, au XVIIIe siècle, par acquisition de cette terre du seigneur de Lorme. Armes : de gueules, à la croix engreslée d'or. (*La Ch.*)

TANNEURS, Coroyeurs et Mégissiers de la ville de Vendôme, la Communauté des : tiercé en bande d'or, de sinople et d'azur. (*Ar. m.*)

TARRAGON de, éc., s. de Tansonville, 1698 : m. t. 1760 : d'azur, au chevron d'argent, surmonté d'une étoile d'or et accompagné de 3 croissants de même, 2, 1. (*Ar. m.*)

LE TEMPLE, Commanderie de Malte, pss. du Temple-de-Champinelle, El. de Château-du-Loir, dépendait de celle d'Arville.

TERNAY, de, S. de Polluet. Macé, éc., époux de Jeanne de Ronssard, XVIe siècle, dont la fille épousa François de Gaignon de Villaines. Françoise de Ternay, ép. de Guillaume du Plessis, S. de Liancourt. Armes : d'argent, au lion d'azur, couronné et langué de gueules. (*Ms.*)

Il y avait à l'assemblée de la noblesse de Touraine, 1789, un m^{is} de Terney, du nom d'Arsac ; était-ce un sgr du Vendômois ? Ses armes : d'or, à l'aigle éployée d'argent, becquée et onglée de gueules. (*Lambron.*)

TESSIERS en toile de la ville de Vendôme, la Communauté des : tiercé en bande, d'argent, de sable et d'azur. (*Ar. ms.*)

TEXIER, comtes de Hautefeuille, S. de Saint-Agil, de Claires à Saint-Martin de Sargé, 1675 : de gueules, à la levrette courante d'argent, accolée et bouclée d'or, surmontée d'un croissant de même. (*Ar. du M.*)

THABAULT de, éc., S. des Raderets, 1789.

THÉLIGNY de, François, S. de Lierville, 1516 ; famille du Perche ; éteinte au 16ᵉ siècle : d'argent, à 5 faces de sable ; ou de sable à une bande et bordure de gueules. (*Prieur de Mondonville.*)

THEZUT de, S. de Glatigny en Souday, de 1687, par donation du Président Perrault ; famille du Charolais : d'or, à une bande de gueules, chargée de 3 sautoirs alaisés. Supports : 2 lions. (*Ar. d. M.*)

THIVILLE de, S. de Poncé, 1641-1682 ; famille originaire de Normandie ; alliée avec les de Chambray, S. de Poncé : de gueules, à 3 fusées ou lozanges posés en face d'argent. (*Mᵢˢ du Prat.*)

THORIGNY de, du nom de Reméon, S. de Thorigny, 1789. Charles Savigny, S. de Thorigny, Maire de Mondoubleau, 1692, Conseiller du roi.

THOUARS, mᵢˢ de, V. VASSEUR le.

TILIÈRE Taupinard de, à Rahay (Sarthe) et à Versailles. Famille de robe. Elle posséda, au XIXᵉ siècle, la terre du Fief-Corbin près Montmarin : écartelé aux 1, 4, de gueules, au chevron d'argent, chargé d'un chevron de sable et accompagné de 3 coquilles d'argent, qui est Tilière ; aux 2, 3, d'azur, à un demi vol d'or, qui est Loys. — Couronne de mᵢˢ ; supports : 2 lions. (*Sceau.*)

TONNELIERS de la ville de Vendôme, la Communauté des : tiercé en bande d'or, de sinople et de sable. *(Ar. ms.)*

TOUCHE et TOUSCHE, de la, demoiselle, à Chauvigny, 1675 ; Etait-elle des de la Touche, S. du lieu, à Chaillant, au Maine, qui portaient : de gueules, à 3 besans d'or, 2, 1. (*Cauvin.*) Plusieurs familles de ce nom.

TOURTIER, éc., S. de Bellande, 1691 : d'azur, au chevron d'argent, chargé de 3 merlettes de sable et accompagné de 3 besans d'or, 2 en chef, et un en pointe. (*Ar. ms.*) Le Tourtier de Bellande, S. de la Fredonnière, assista à l'assemblée de la noblesse du bailliage secondaire de Mondoubleau, 1789.

TREMAULT de, sgrs du Bouchet-Bouteville, Lunay, Nonais, Bellatour, Morisson, Spoir, Amilly, etc. Famille très-ancienne en Vendômois, encore existante : on trouve plusieurs de ses membres décorés du titre de Chevalier ; m. t. 1712 : de gueules, à 2 haches d'armes, d'argent, mises en pal, au chef cousu d'azur avec 3 étoiles d'or, rangées en fasce. (*Ar. ms.*)

TRIE, S. de Mondoubleau, comte de Dammartin, du chef de

sa femme Jeanne d'Amboise, XIV siècle; Maison illustre : d'or, à la bande d'azur. (*La Ch.*)

TRIPIER, S. de Montenard, Lieutenant-Général du Vendômois, Touraine, Blaisois, Maine, Laval, Perche, Amboise, Lodunois. D'une famille de Laval. L'Armorial du Maine indique plusieurs familles de ce nom dans la province.

TROO, les anciens Sgrs de, alliés avec les de Villiers, sgrs de St-Gervais de Vic, en 1487, portaient, d'après une peinture qui se voit dans l'église de cette dernière paroisse : d'argent, à 3 flammes de gueules.

TROO, Chapitre de, V. CHAPITRE.

TROUSSERIE de la, 1689, de la maison Marin.

TUANDIÈRE, le fief de la, s'appelle Montmarin par lettres-patentes de 1671.

TUCÉ de, S. de la Fredonnière, 1410, de la plus ancienne noblesse du Maine, représentée aujourd'hui par le colonel de Tucé : de sable, à 3 jumelles d'argent. (*Cauvin.*)

TUFFIER, Louis, S. de Fontaine-Raoul, de la Chapelle-Vicomtesse, à cause de sa terre de la Chauvolière, après 1650 : d'azur, à la fasce d'or, accompagnée de 3 roses tigées et feuillées de sinople. Famille du Parlement de Paris. (*Ar. d. M.*)

UBSULINES de Vendôme, le Couvent des, 1698 : d'azur, à un lys d'argent, avec cette inscription autour : *De Ste Ursule de Vendôme.* (*Ar. ms.*)

VABRES de, ou de Vasbres, Pierre, 1698 : d'argent, à 3 sapins ou 3 épées de sinople, rangés en fasce, et un chef d'or chargé de 3 tourteaux de gueules. (*Ar. ms.*) Nous croyons cette famille originaire du Perche.

VALENNES, les sgrs de, en Baillou, étaient de la maison de Coutances, ou Coutance, connue dès le XIIIe siècle.

VALLIÈRE, de Bois-Guéret de La, à Vendôme, 1866; originaire de l'Orléanais : d'or, à 3 arbres de sinople, sur une terrasse de même, accostés de 2 croix patées de gueules et soutenues d'un croissant d'azur, montant en pointe. DEVISE : *Nemoris terraque robore ascendunt.* Christophe-François, S. de La Vallière, comparut en 1789, à l'assemblée de la noblesse de l'Orléanais et à celle du Vendômois.

VALLIÈRE de la : d'azur, à un chevron d'or, accompagné de 3 aiglons de sable, 2, 1. *(La Ch.)* De cette famille était le S. de la Vallière, à Epuisé, 1675.

VANDY de, V. le RICHE.

VANSSAY de, S. des Rouaudières en Cormenon, 1758. Le S. de la Barre assista à l'Assemblée de la Noblesse des bailliages de Vendômois, Mondoubleau et Saint-Calais, 1789. C'est une des plus nobles et des plus anciennes maisons du Maine, où elle existe encore. Titres de baron et de marquis : d'azur, à 3 besans d'argent, chargés chacun d'une moucheture d'hermines, 2, 1. DEVISE : *L'âge a dedans nous l'âge de Vancé.* Supports : 2 sauvages de carnation ornés d'une massue. Timbre : un casque d'or avec les lambrequins de sinople et de gueules, surmonté d'un bourrelet d'or et d'azur. Couronne de marquis sur le casque. Cimier : un chien ailé avec les armes sur les ailes. *(Sceau.)*

VAQUEREL DE LA BRICHE, famille dont il est parlé dans l'Armorial de France ; établie dans le Vendômois : de gueules, à un chevron d'or, accompagné en chef de 2 étoiles d'argent, et en pointe d'un croissant de même, l'écu timbré d'un casque de profil.

VAREILLES de, S. de Rerthaud, fit défaut à sa comparution à l'assemblée de la noblesse du Vendômois, 1789 : burelé d'or et d'azur de 10 pièces, au lambel de gueules sur le tout. *(La Ch.)*

VASCONCELLES de, au Verger, en Saint-Avit, 1842. De Vasconcelles, m. t. 1668, Elect. de Mortagne : d'argent, à 2 lions de gueules l'un sur l'autre. (*Nob. de Nor.*)

VASSEUR le, S. marquis de Cougners, de Beaumont, et Thouars-sous-Ballon. André, ép. de Jeanne Jadin, vivait en 1390. Pierre est enterré à Vendôme : on lisait cette épitaphe :

> Cy endroist git en sépulture
> Messire Pierre le Vasseur
> Qui a servir Dieu mit sa cure;
> Chevalier fut, de Cogners sieur
> Ce lieu prit par dévotion
> Pries Jesus qu'il lui fasse pardon.

Joachim était Gouverneur de Vendôme sous Jeanne d'Albret. Le m^is de Thouars, huguenot, depuis converti, avait suivi le parti du duc de Vendôme et avait été blessé de trois coups de feu à l'escarmouche de la Porte-Saint-Antoine. Nom éteint : d'argent, au lion de gueules, armé, lampassé et couronné d'azur.

VAUBUISSON de, surnom de Philippe Fredureau.

VAUBRUN, m^is de, de la maison de Bautru.

VAUCELAS, B^on de, V. COCHEFILET.

VAUGIRAULT de, dame de Monlongis, fut appelée à l'assemblée de la noblesse des bailliages du Vendômois, Mondoubleau et Saint-Calais, 1789. Noblesse de l'échevinage d'Angers, m. t. 1667 et 1715 : d'argent, à l'aigle éployée à 2 têtes couronnées de sable. (*Ar. du M.*)

VAUTOURNEULT Bellangers de, Barons de Vautourneult, famille du Maine, dont un membre assista à l'assemblée de la noblesse du bailliage secondaire de Mondoubleau, 1789 : de sable, à 3 lions, d'argent, armés, lampassés, et couronnés d'or. (*Ar. de M.*)

VAUVIEUX de, titre de Comte, V. COCHEFILET.

VENDOME. Les anciens Comtes de Vendôme portaient : d'argent, au lion d'azur, couronné, et un chef de gueules. La seconde maison des Comtes de Vendôme s'armait : de France, à la bande de gueules, chargée de 3 lionceaux d'argent. Les ducs de Vendôme : de France, avec une bande de gueules, sans les lionceaux. Des sceaux des Comtes de Vendôme-Bourbon portent : écartelé de Bourbon-Vendôme et de Vendôme ancien.

VENDOME, ville, avait les armes de ses anciens Comtes : d'argent, au lion d'azur couronné et un chef de gueules. Elle a encore ces mêmes armes. V. HOTEL-DE-VILLE.

VENDOMOIS de. — Famille connue dès le XIIIᵉ siècle dans ce pays, venue, croyons-nous, d'Auvergne. Jeanne, veuve de Ronssard de la Poissonnière, épousa, en 1420, à Savigné-sur-Braye, Jean de Bourbon-Vendôme. Armes : d'or, semé d'hermines, à 3 fasces de gueules. (*Pr. de Malthe.*) Au chef d'or, chargé de 3 fasces de gueules. (*De Saint-Paul.*) Louis de Vandomois, S. d'Alleray, a son tombeau dans l'église de Choue.

VERTHAMON de, S. de la Ville-aux-Clercs, conseiller au Parlement, de 1672 : au 1ᵉʳ de gueules, au lion d'or ; aux 2 et 4, échiqueté d'or et d'azur ; au 3ᵉ de gueules plein. En 1789, il y avait des gentilshommes de cette maison, sgrs d'Ambloy et d'un fief à Villerable. Famille sortie, en 1560, de la bourgeoisie de Limoges.

VIBRAYE de, V. HURAULT.

VIGNOLLES de, Gouverneur de Vendôme, 1596. Le mⁱˢ de Vignolles, dit LA HIRE, écartelait : aux 1 et 4 d'azur, au paon faisant la roue, posé de face ; aux 2, 3, de sable, au cep de vigne feuillé et fruité d'argent, et soutenu par un échalas de même. (*Arm. de l'Ordre du Saint-Esprit.*)

VILLAIN, S. de la Tabaise en Baillou ; d'une famille du Parlement de Paris; N... Villain de la Tabaise, âgé de 80 ans, vivait en 1792, à Saint-Calais.

VILLEBRESME de, V. GOISLARD.

VILLECHENAY de, V. GODINEAU.

VILLEDROUIN de, V. FREDUREAU.

VILLEGOUBLAIN de, Villegoublin ou Villegomblain, dame d'un fief à Epiais, 1789, était-elle de la famille Racine de Ville-goublain ? ou des Villegoublain, de Maine ou Anjou, qui s'armaient : de gueules, à 3 mains droites d'argent ?

VILLEMAREST de, S. de Villeporcher, 1789, était-il du nom de Moulard de Torcy de Vilmarest, en Picardie, qui porte : d'or, au lion de vair, lampassé et armé de gueules?

VILLEMESLE, le sire de, ép. de la fille du sire de Grand-Bouchet, en Choue, 1651.

VILLEPROUVAIRE, anciens sgrs de, éteints dès le XVe siècle.

VILLERAY de, Jean, 29e abbé de Vendôme. Nous ne savons s'il appartenait aux de Villeray, du Perche, qui s'armaient : d'argent, à 9 merlettes de sable, 3, 3, 3. (*Arm. du Maine.*)

VILLIERS du Grosbuisson de, Marin, éc., S. de Villiers, Cornette au régiment de Villequier, 1698 : de sable, à une tour d'argent crenelée, et un chef de même chargée d'une merlette de sable. (*Ar. ms.*) V. CHAMPAGNÉ. Plusieurs familles du nom de Villiers. Les de Villiers, sgrs de Saint-Germain de Vic, portaient : d'azur, à la croix d'argent cantonnée de 4 roses d'or.

VIMEUR de ROCHAMBEAU, S. d'Ambloy, Rochambeau, Villiers, Thoré. Maison ancienne en Vendômois; titrée Marquis. Elle a donné un gouverneur et bailli du Vendômois, au XVIIIe siècle, et elle fut illustrée par le général de ce nom sous la république. Les nom et armes de Rochambeau ont été substitués, en 1863, à M. Achille Lacroix par le dernier représentant de la famille : d'azur, au chevron d'or, accompagné de 3 molettes d'éperon d'argent, 2, 1.

VINCENT (SAINT-), abbaye de Bénédictins, fondée au Mans en 572, par l'évêque St Domitien. Son abbé était présentateur à plusieurs cures et prieurés du Vendômois : d'azur, à un gril, le manche en haut d'or, un fouet ou discipline de même brochant sur le manche du gril : au chef d'argent, chargé de 2 fleurs de lys de gueules. (*Cauvin.*)

VORÉ, Jean de, S. de la Fosse près Montoire : d'hermines sans nombre, au chef d'argent avec une fasce de gueules vivrée, *aliàs* ondoyée. (*Ar. ms.*)

VOUTE, Jouffray de la, 1789. V. JOUFFREI.

VOVE de, S. de Saint-Agil, de l'Epicière et d'Oigny, XVIe ét XVIIe siècles. Très-ancienne famille au Maine, où est située la terre de ce nom ; elle tenait aux principales maisons de France ; de sable, à 6 besans d'argent, 3, 2, 1. Titre de Bon de la Pierre, au Maine. (*Cauvin.*)

ADDITIONS.

BAILLOU, S. de Boisdais et de la Chapelle : d'or, à 2 fasces de gueules. (*Pr. d. M.*)

BAUTRU, comtes de Nogent-sur-Loir, de Serrant en Anjou, mis de Vaubrun. Illustre famille que l'on dit être originaire de Vendôme : d'azur, au chevron d'argent, accompagné de 2 étoiles, en chef, (*aliàs* de 2 roses d'argent en chef) et d'une tête de lion, arrachée de même, en pointe.

BENARDIÈRE, le S. de, à Cormenon, 1667.

BRUNIER de, famille originairr du Dauphiné, passée en Vendômois : d'azur, au triangle d'argent, chargé d'une étoile d'or, avec le casque de fer.

GEFFRARD de, à la Voûte, 1866, Bretagne ; lozangé d'argent et de gueules.

BULLIOUD de, lieutenant des maréchaux de France, à Vendôme, 1789.

CHEVALIER, S. de Rodon, de Tounan, éc., maréchal de camp, ancien Gouverneur de Chandernagor, comparut à l'Assemblée de la Noblesse du Bailliage du Vendômois, 1789, Chevalier d'Almont : écartelé : aux 1 et 4, d'argent à une fasce d'azur, au bâton de sable, brochant sur le tout ; aux 2, et 3, de gueules à 3 roses d'argent.

DIVIDIS de SAINT-COME, à Saint-Firmin-des-Prés. Originaire du Perche : d'azur, à 3 fuseaux d'or, surmontés d'un lion léopardé d'or, en chef. DEVISE : *Dividendo crescunt.*

DUFORT, Conseiller de la Cour des Comptes de Paris, 1693 : d'azur, à 3 épis de blé d'or, tigés et feuillés de même, celui du milieu mouvant d'un monticule aussi d'or, au chef de même, chargé de 3 étoiles d'azur. V. de CHEVERNY.

FRESLON, Geoffroy, natif des Roches, 46ᵉ évêque du Mans, mort en 1274 : d'argent, au chevron d'azur, accompagné de 3 freslons volants de sable. Ces armes se voient dans la cathédrale du Mans.

GRAFFARD de, à Choue, S. de Tourninville, 1667 ; de Normandie : d'argent, à 3 pieds de griffon ; *aliàs* de lion, de sable, 2, 1.

LOGES des, Jacques, S. de la Chapelle-Gaugin, XVIIᵉ siècle : d'azur, à 5 fleurs de lys d'or, en sautoir. (*Cauvin.*)

MASSOL de, de gueules, au bras dextre tenant un marteau, le tout mouvant d'argent à senestre, au chef d'or, à l'aigle éployée de sable. (*La Chen.*)

ERRATA.

Page 49, ligne 8, lisez : d'autres reproches que *celui* d'un sot orgueil.

Article D'AZON ; lisez : 3 *étoiles d'argent* 1, *et* 2. , au lieu de : 1, 2.

Article BODIN ; lisez : 3 *merlettes*, au lieu de : 3 *molettes*.

Article BRUNIER ; lisez : *une croix*, au lieu de : *une noix*.

Article de DOUHET, lisez : *la Feuillade*, au lieu de *la Fenillade*. — Même article, lisez : à *l'article de Maude*, au lieu de : *et l'article de Maude*.

Article DE MAUDE, lisez : *de Foissac*, au lieu de : *de Boissac*.

Article de MEGRET, ajoutez : aliàs: *de Megret d'Etigny, Intendant d'Auch, vers 1787 : d'argent, à une ba... d'azur, chargée de 3 étoiles d'argent.* (Tombe.)

Vendôme. Typ. et Lith. Lemercier.

www.ingramcontent.com/pod-product-compliance
Lightning Source LLC
Chambersburg PA
CBHW072017290326
41934CB00009BA/2111